Mathematik

P. Smith & B. Owen

Zahlen begreifen

Zahlenraum bis 100

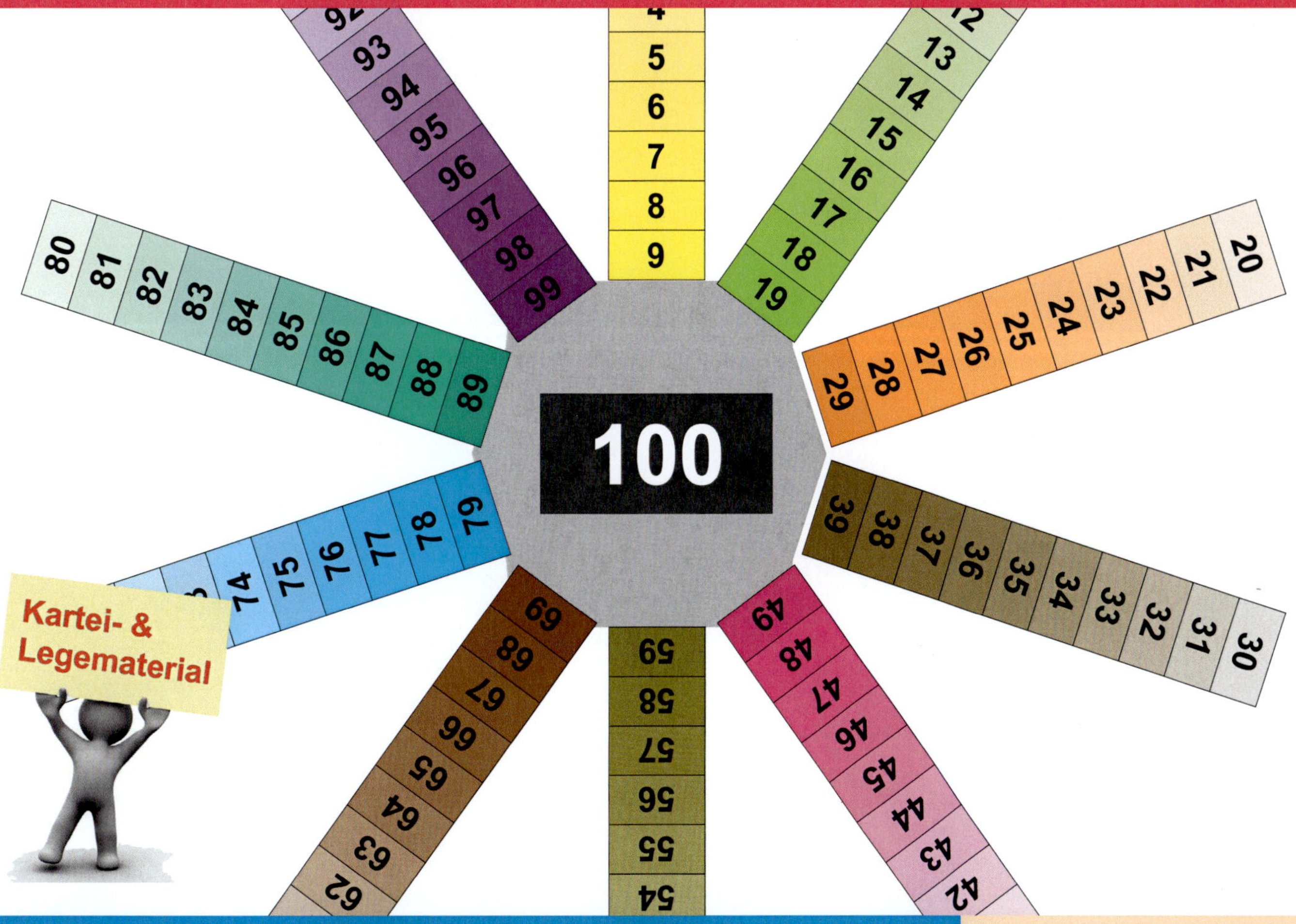

100

Kartei- & Legematerial

Die Zahlenraumstruktur

Farbiges Legematerial

www.kohlverlag.de

Zahlen begreifen

Zahlenraum bis 100

2. Auflage 2024

Inhalt: P. Smith & B. Owen
Coverbild: © Tyler Olson - fotolia.com
Redaktion: Kohl-Verlag
Grafik & Satz: Kohl-Verlag
Druck: Druckhaus Flock, Köln

Bildnachweise: © AdobeStock.com

Auf allen Seiten (Zahlen): kartoxjm; **Seite 6:** bradleyblackburn, ayelet_keshet; **Seite 7:** goodmanphoto; **Seite 8:** kaer_fstock, sunnychicka, nataba, Anke Thomass, Melissa King, Alex_Po, Karin & Uwe Annas, jemastock; **Seite 9:** sunnychicka, FARBAI; **Seite 10:** FARBAI; **Seite 11:** Lisa; **Seite 12:** sunnychicka, Patrick Meider; **Seite 13:** uduhunt; **Seite 14:** Lisa, giadophoto; **Seite 15:** Studio Ayutaka; **Seite 16:** kaer_fstock, lifemaker; **Seite 17:** Thomas Söllner; **Seite 18:** kaer_fstock; **Seite 19:** stockphoto-graf; **Seite 20:** kaer_fstock; **Seite 21 und 22:** Patrick Meider; **Seite 23:** fir4ik; **Seite 24 bis 26:** FARBAI; **Seite 27:** juliyas; **Seite 28** fir4ik; **Seite 29 und 31:** Ирина Кузнецова; **Seite 30:** GraphicsRF; **Seite 33:** FARBAI; **Seite 34:** bofotolux, brummenimohr, zolotons, Thomas Söllner, mouse_md, Jan Engel, pico, kris_art; **Seite 36:** Igor Zakowski, natasha_chetkova; **Seite 38** FARBAI.

Bestell-Nr. 15 025

ISBN: 978-3-96040-201-5

Inhalt

Zahlen begreifen - Zalenraum bis 100 – Bestell-Nr. 15 025
KOHL VERLAG

Vorwort & didaktische Überlegungen

Es gibt keinen Menschen, der in allen Bereichen gleich gute Leistungen zeigt. Manche haben Schwierigkeiten mit chemischen Formeln, manche treffen beim Fußballspielen den Ball nicht, andere bekommen die französischen Vokabeln einfach nicht in den Kopf und manchen fällt eben das Rechnen schwer. Schnell wird das Wort Dyskalkulie genannt, was einige noch nie zuvor gehört haben, geschweige denn richtig schreiben können. Im Gegensatz zur LRS wird Dyskalkulie bis heute nicht von den Krankenkassen anerkannt bzw. die Therapiekosten übernommen. Suchende Eltern finden nur schwer einen kompetenten Therapeuten, der auf diese besonderen Kinder geschult ist. Nicht immer muss es sich aber wirklich um eine Rechenschwäche handeln. Vielleicht hat die von der Lehrperson gewählte Methode die Sinne eben dieses Kindes nicht angesprochen? Wichtig ist, dass lieber weniger, dafür sinnvolles und geeignetes Material eingesetzt wird. Dieses sollte ohne großen Aufwand hergestellt werden können bzw. kostengünstig sein. Jedes Kind sollte damit ausgestattet sein, um bei den Hausaufgaben oder beim Üben damit hantieren zu können.

Im Unterricht soll das Zahlenverständnis der Kinder erweitert und vertieft werden. Nur dann können sie ein bewegliches Denken erlangen, um sich frei in großen Zahlenräumen bewegen zu können. Sie müssen begreifen, dass jede Ziffer auch als ein Symbol dargestellt werden kann und somit eine Mächtigkeit einer bestimmten Menge darstellt. Mit der Zeit gewinnen die Kinder die Erkenntnis, dass Mengen aus einzelnen Elementen gebildet werden, die wiederum in kleine Teilmengen untergliedert werden können. Die Mädchen und Jungen müssen sich sicher im Zahlenraum bis 10 bewegen können, um den Zahlenraum bis 100 erobern zu können. Der Aufbau des dekadischen Stellenwertsystems muss ihnen geläufig sein, um die erfahrene 10er Bündelung von Einern auch auf Zehner und Hunderter anwenden zu können. Sie müssen begriffen haben, dass jede Zahl im Stellenwertsystem ihren genauen Platz hat und die Position der Ziffern deren Wert bestimmt. Es muss also erkannt worden sein, dass in unserem Zahlensystem immer zehn Einer einen Zehner und zehn Zehner immer einen Hunderter bilden. Diese Bündelung, das Verständnis über den Aufbau der Zahlen und das dazugehörige Vorstellungsbild sind als zentrale Ziele unseres Mathematikunterrichts anzusehen. Um das zu erreichen eignen sich klar strukturierte Zahlendarstellungen, wie beispielsweise Einerklötze und Zehnerstangen, da sie u. a. auch gut zu handhaben sind.

Vorwort & didaktische Überlegungen

Bitte achten Sie darauf, keinem Kind zu vermitteln, anders zu sein, nur weil es nicht lesen, schreiben oder rechnen kann! Ebenso wenig wie wir ein unmusikalisches Kind von einem Arzt zum nächsten bringen, sollten wir es mit einem rechenschwachen Kind tun. Loten Sie die Stärken des Kindes aus, bauen Sie sein Selbstwertgefühl auf, die Freude am Lernen und Leisten wollen. Danach können Sie gestärkt mit dem Rechnen beginnen. Bei allem ist und bleibt die Lernmotivation das Wichtigste, die stets erhalten bleiben muss. Sie ist der Motor allen Tuns. Lassen Sie das Kind den neuen großen Zahlenraum entdecken, mit allen seinen Sinnen und fordern Sie es dabei immer wieder zum Verbalisieren seines Tuns auf! Es soll UND darf Ihnen und anderen Kindern erklären, wie es zu der Lösung kommt. Sehen Sie sich im Sinne von Maria Montessori als Wegbegleiter, der dem Kind seinen Wunsch erfüllt: „Hilf mir, es selber zu tun!“

Zum Umgang mit dem vorliegenden Material

Um möglichst viele verschiedene Sinne des Kindes anzusprechen, finden Sie im Folgenden Spiele, Sprech- und Bewegungsübungen, um den Zahlenraum bis 100 erlebbar zu gestalten.

Die Kopiervorlagen sollten am besten auf Tonpapier/-karton kopiert und anschließend laminiert werden, um ihre Haltbarkeit zu erhöhen. Bewährt hat sich bei mir folgende Farbverteilung:

Einer in grün (wie die Wiese)
Zehner in gelb (wie viele Blumen)
Hunderter in blau (wie der Himmel).

So haben wir bildlich gesprochen den Aufbau von unten nach oben mithilfe passender Farben dargestellt. Ich habe gemeinsam mit den Kindern, Eltern, Freunden eine Materialkiste eingerichtet, die nicht nur im Mathematikunterricht Beachtung findet. In ihr finden sich Dinge wie: Kastanien, Eicheln, Erbsen, Steinchen, Muscheln, Zahnstocher, Streichhölzer, Knöpfe, Trinkhalme, Lottoscheine, Wäscheklammern, Filmrollen, Eierpappen, Werbeblätter, Telefonbücher, Murmeln, Perlen, Wolle, Würfel, Spielgeld, Bauklötze, alten Uhren, Sand…vielleicht auch eine kleine Anregung für Sie?!

Lehrertipps sind in diesem Buch grau unterlegt und auf der dazugehörigen Seite direkt zu finden, Tipps für die Kinder stehen ohne Unterlegung ebenfalls direkt auf der jeweiligen Seite.

Zahlreiche erlebnisvolle Stunden, in denen das entdeckende Lernen im Vordergrund steht, wünschen Ihnen und Ihrem Kind/Ihren Kindern das Team des Kohl-Verlages und

P. Smith & B. Owen

• Kängurusprünge

Auf dem Schulhof/Flur werden 11 große Hüpfekästchen gemalt. In das sechste wird die Zahl 50 geschrieben (und zur Orientierung bei Bedarf 0 in das erste Kästchen).

Nun bekommen die Kinder Aufgaben mit Zehnerzahlen zum Rechnen, deren Ergebnis sie springen. Eine Aufgabe lautet zum Beispiel 80-40 = ?? (40). Das Kind, das an der Reihe ist, springt vier Felder vor. Danach gibt es eine Aufgabe, beginnend von dem Kästchen, wo das jeweilige Kind steht, z. B. 40+20 = ?

Alternativ können schwächere Kinder die gesamte Aufgabe springen, stellen sich also z. B. auf die 80, springen von da aus 40 in Richtung Null und stehen somit auf dem Feld vor der Fünfzig.

0					50					

• Safari

10 Kinder erhalten je ein Schild mit einer Zehnerzahl von 10-100, die den Safarizug darstellen. Nun können beliebige Aufgaben gestellt werden. Wenn der Zug am Anfang mit 10 Waggons startet, lautet die Aufgabe: „Drei Waggons werden zur Reparatur abgekoppelt …?“ „100-30 = 70“ „Super!“ „Nun kommen 2 neue Waggons hinzu, von denen aber einer leider sofort wieder ausgetauscht werden muss!“

Die Kinder müssen dementsprechend immer wieder „wandern“ und die Aufgaben mitsamt Ergebnis nennen.

Bei den Anweisungen sind der Fantasie keine Grenzen gesetzt!

• Familie 100

Auf dem Flur/Pausenhof werden in regelmäßigen Abständen 11 Striche gemalt, zur Hilfe können an einige Striche Zahlen geschrieben werden (z. B. 0, 50, 100).

/ / / / / / / / / / /

0 50 100

Die Kinder werden in zwei gleich große Gruppen eingeteilt, jeder erhält eine Zahlenkarte (Zehnerzahlen). Auf ein Zeichen durch z. B. einen Gong, ein Energy-Chime o. ä. werden diese Zahlen möglichst rasch an die jeweilige Linie gelegt.

0	10	20	30	40	50	60	70	80	90	100

Tipp:
Zahlenkarten zum Kopieren auf z. B. 400 % vergrößern, zerschneiden und an die Kinder verteilen.

• Klopfspiel

Lehrperson: „Ich habe eine Tante, die ist so alt, pass mal auf…". Die Lehrperson schlägt 60, 70, 30 mal etc. ein nicht nachklingendes Instrument wie z. B. Klangstäbe, Handtrommel etc. an.

Die Kinder zählen mit und nennen das jeweilige Alter.

Aufgabe 1: *Schneide die Karten aus. Es gehören immer vier Karten zusammen. Sortiere die Karten und begründe.*

a) 5	b) 2+4	c) 8	d)
e) 5+5	f)	g)	h) 3+2
i)	j)	k) 6	l)
m) 3	n)	o) 10	p)
q) 4+4	r)	s) 2+1	t) 10

Tipp:
Die Karten sind auch gut als Freiarbeitsmaterial nutzbar wie z. B. als Memory®.

Tipp:
Gestalten Sie „verliebte Herzenkarten". Dazu ein DIN A5 Blatt zum „Schrank" falten und in Herzform schneiden. Außen 10 schreiben, aufklappen und „in den Schrank" die jeweilige Aufgabe wie z. B. 5 + 5. Siehe KV 1.

3 Rechnen bis 10

Aufgabe 1: *Ergänze die Einer.*

Beispiel: 1 + 9 = 10	+ 9 =	1+ 9= 10
a) 4 + ___ = 10		________
b) 5 + ___ = 10		________
c) 7 + ___ = 10		________
d) 2 + ___ = 10		________
e) 8 + ___ = 10		________
f) 3 + ___ = 10		________
g) 6 + ___ = 10		________
h) 9 + ___ = 10		________
i) 10 + ___ = 10	+ ___ =	________

Aufgabe 2: *Schreibe die Aufgaben nochmals sortiert in dein Heft. Beginne mit 1+ 9 = 10, 2+ 8 = 10 …*

Aufgabe 3: *Ergänze die Einer.*

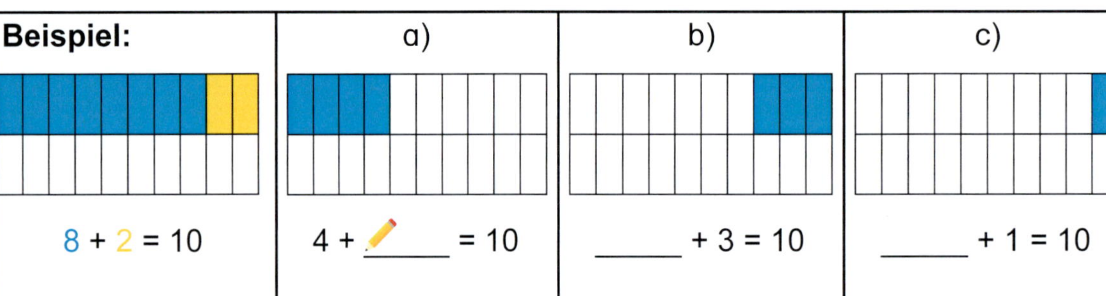

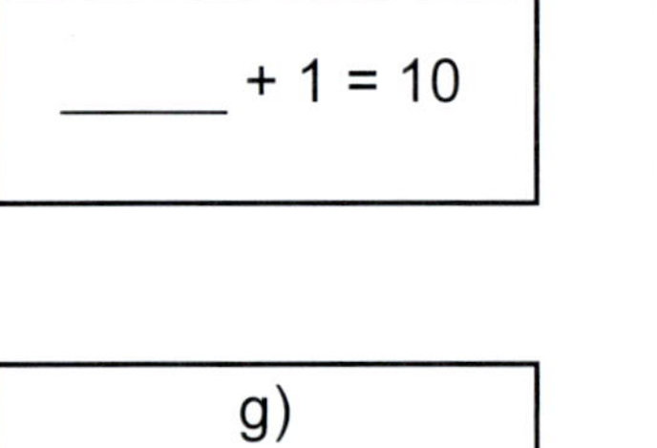

Beispiel:	a)	b)	c)
8 + 2 = 10	4 + ______ = 10	______ + 3 = 10	______ + 1 = 10

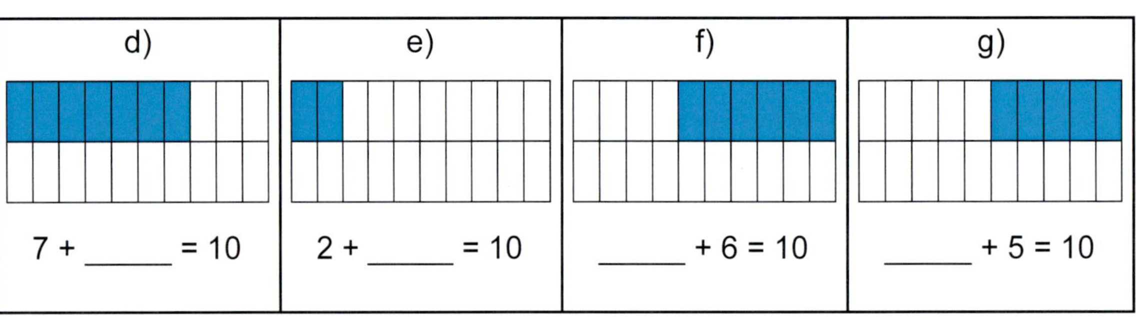

d)	e)	f)	g)
7 + ______ = 10	2 + ______ = 10	______ + 6 = 10	______ + 5 = 10

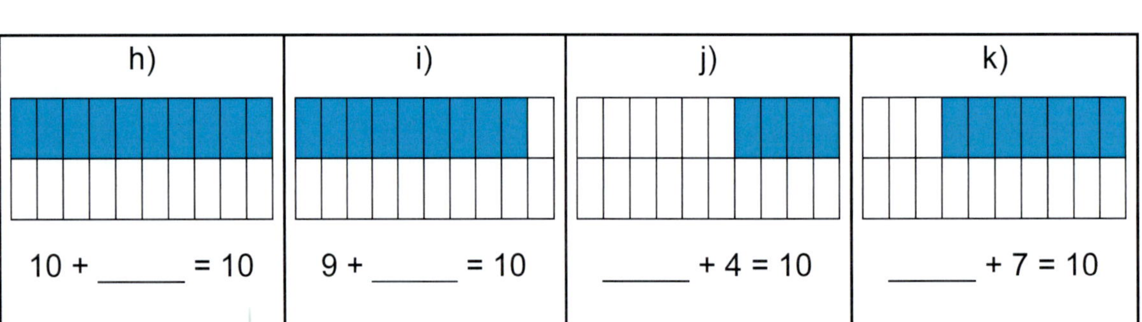

h)	i)	j)	k)
10 + ______ = 10	9 + ______ = 10	______ + 4 = 10	______ + 7 = 10

Tipp:
Nutzen Sie den Zahlenstern als Legematerial (LM 3).

Aufgabe 4: *Finde die Aufgabe. Rechne.*

	**Beispiel:** 5 + 2 = 7
 	**a)** 2 + ____ = ____
	**b)** 
	**c)** 
	**d)** ________________
	**e)** ________________

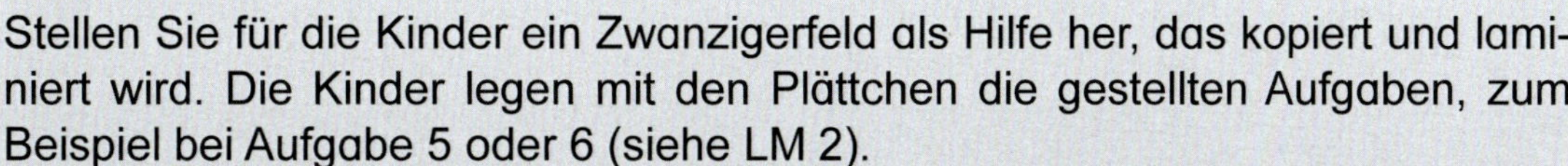
Tipp:
Stellen Sie für die Kinder ein Zwanzigerfeld als Hilfe her, das kopiert und laminiert wird. Die Kinder legen mit den Plättchen die gestellten Aufgaben, zum Beispiel bei Aufgabe 5 oder 6 (siehe LM 2).

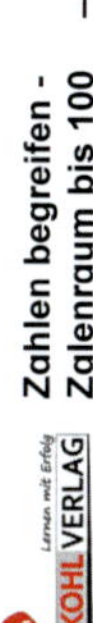

Aufgabe 5: *Erkläre und finde die Aufgabe. Rechne.*

Beispiel: 	10 – 4 = 6
a) 	8 - _____ = _____
b) 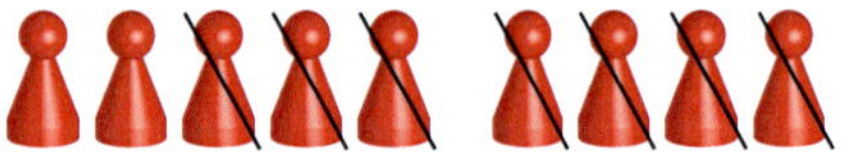	______________________________
c) 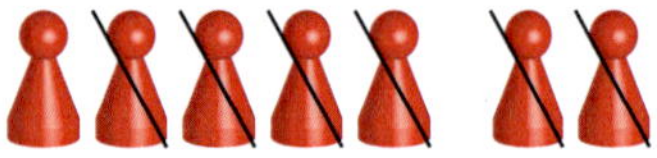	______________________________
d) 	______________________________
e) 	______________________________
f) 	______________________________
g) 	______________________________
h) 	______________________________
i) 	______________________________

Finde die 10 Fehler im rechten Bild.

Beispiel:
Die Hälfte von 16 ist 8.

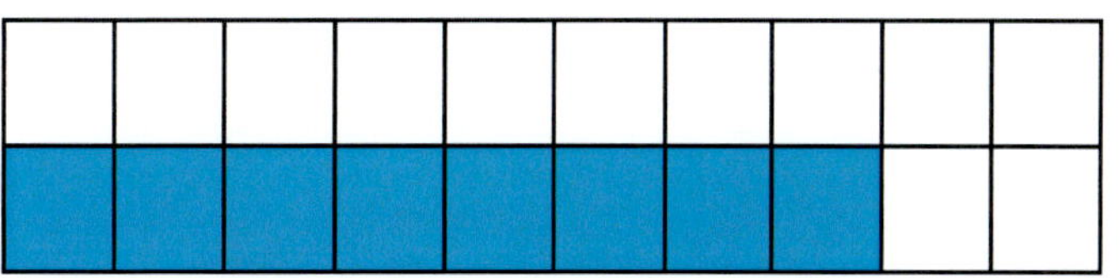

<u>Aufgabe 1</u>: *Lege mit deinen Zehnerstangen und Einerwürfeln. Male sie und erkläre.*

Die Hälfte von 4 ist

Die Hälfte von 10 ist

Die Hälfte von 18 ist

Die Hälfte von 20 ist

Die Hälfte von 6 ist

Die Hälfte von 14 ist

Aufgabe 2: *Wie viele Schmetterlinge fliegen herum?*
Kreise immer 10 ein, benutze verschiedene Farben.

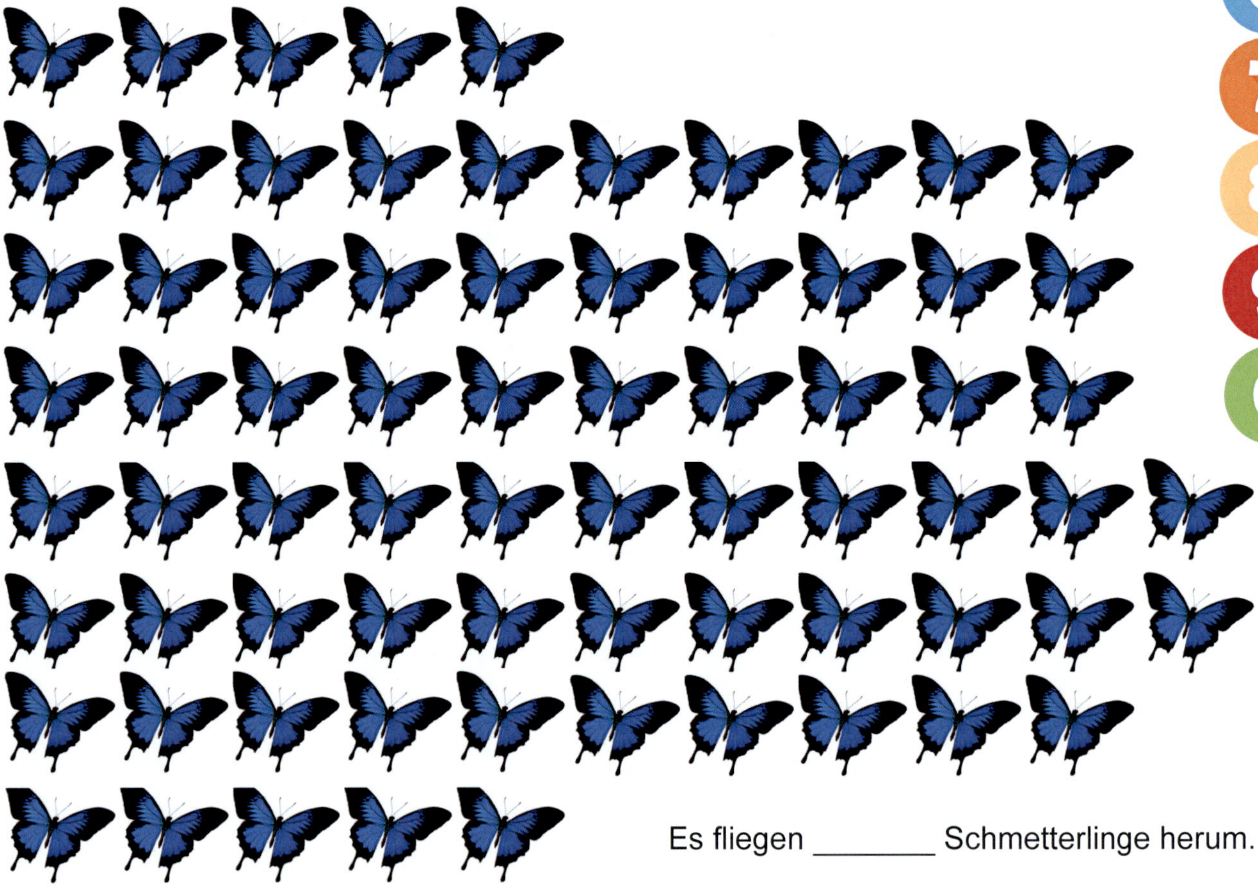

Es fliegen _______ Schmetterlinge herum.

Aufgabe 3: *Jonathan, der kleine Sohn von Anna und Tobi, hat seine Legosteine ausgeschüttet. Wie viele hat er insgesamt?*
Kreise immer 10 ein, benutze verschiedene Farben.

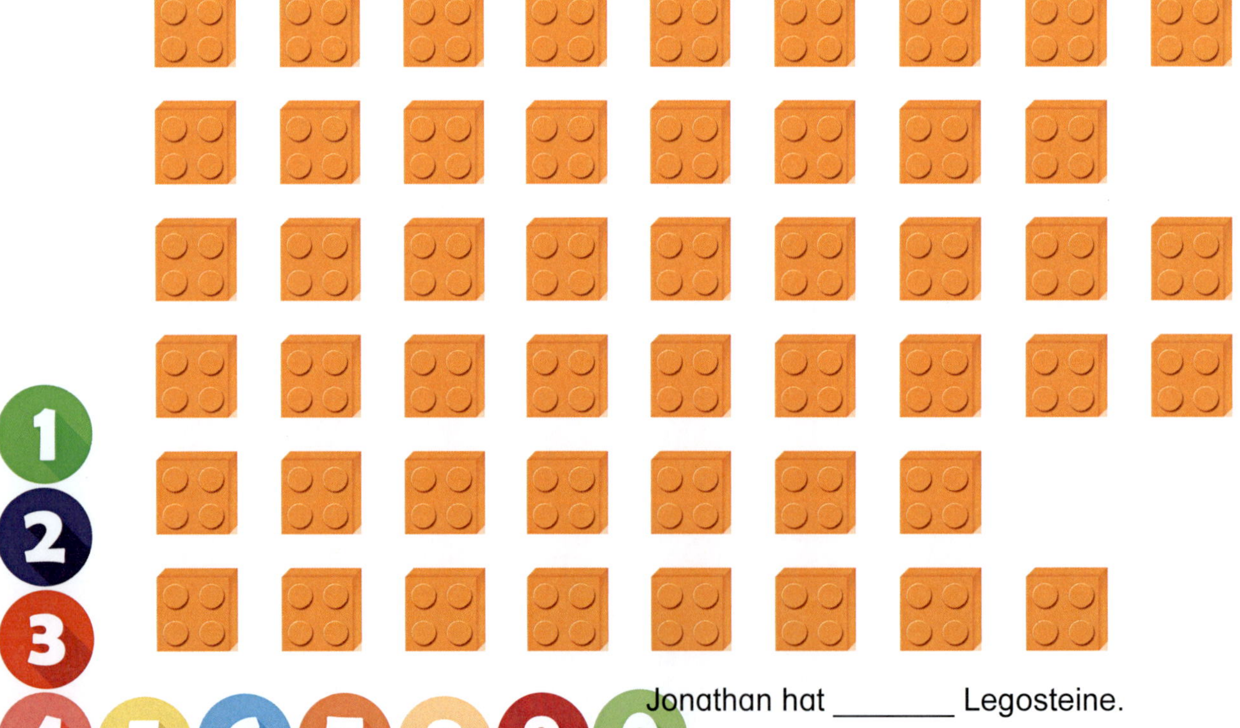

Jonathan hat _______ Legosteine.

5 Zehner und Einer

Aufgabe 1: *Kreise mit verschiedenen Farben immer 10 Einerwürfel ein. Schreibe auf, wie viele Zehnerstangen du bekommst.*

a)

Zehner	Einer

b)

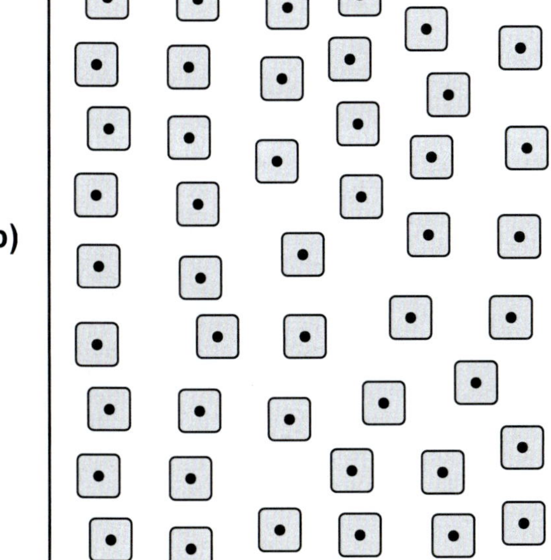

Zehner	Einer

c)

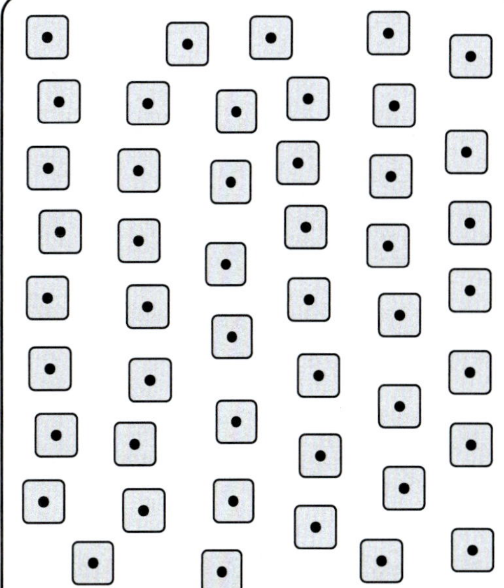

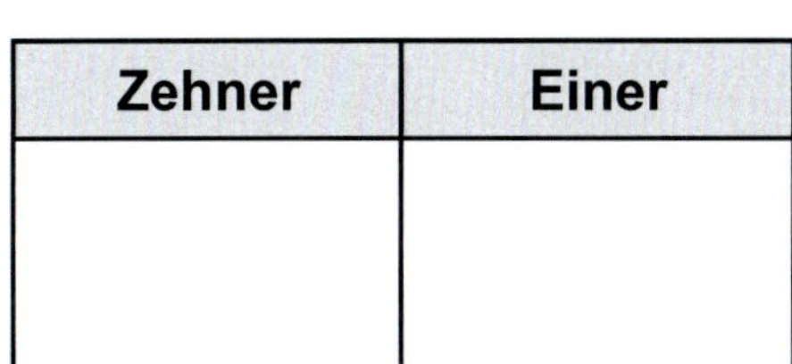

Zehner	Einer

d)

Zehner	Einer

Aufgabe 2: *Kreise immer 10 Würfel ein. Benutze verschiedene Farben. Schreibe auf, wie viele Einer und Zehner du bekommst.*

Beispiel:

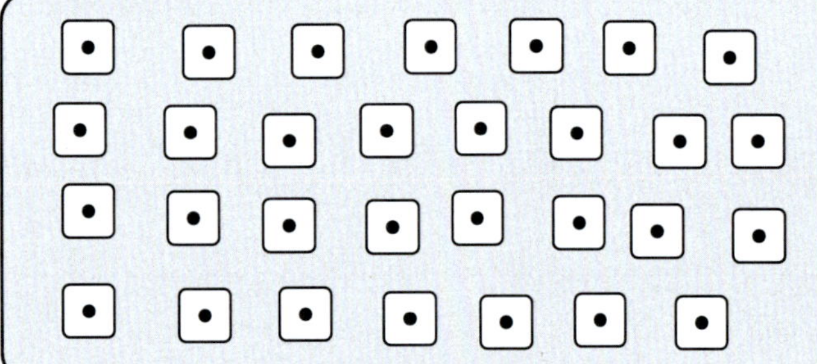

Zehner	Einer
3	0
3 Z + 0 E = 30	

a)

Zehner	Einer

b)

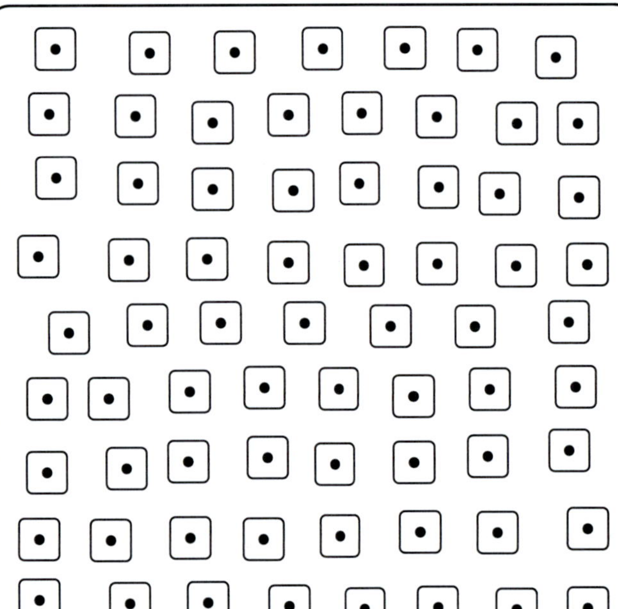

Zehner	Einer

c)

Zehner	Einer

KOHL VERLAG Lernen mit Erfolg
Zahlen begreifen - Zalenraum bis 100 – Bestell-Nr. 15 025

Aufgabe 3: *In der Tabelle gehören immer drei Kästchen zusammen.*
Male immer drei zusammenpassende Kästchen in einer Farbe an.

a)	b) 80	c) 10 + 10
d)	e) 40	f) 50 + 50
g)	h) 20	i) 40 + 40
j)	k) 100	l) 30 + 40
m)	n) 70	o) 10 + 20
p)	q) 30	r) 20 + 20
s)	t) 10	u) 70 + 20
v)	w) 50	x) 40 + 10
y)	z) 60	ä) 30 + 30
ö)	ü) 90	ß) 5 + 5

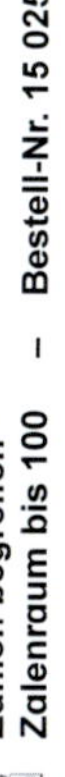
Zahlen begreifen - Zalenraum bis 100 – Bestell-Nr. 15 025
KOHL VERLAG

5 Zehner und Einer

Aufgabe 4: *Sicher kannst du aufschreiben, wie die Zahlen heißen.*

Beispiel:

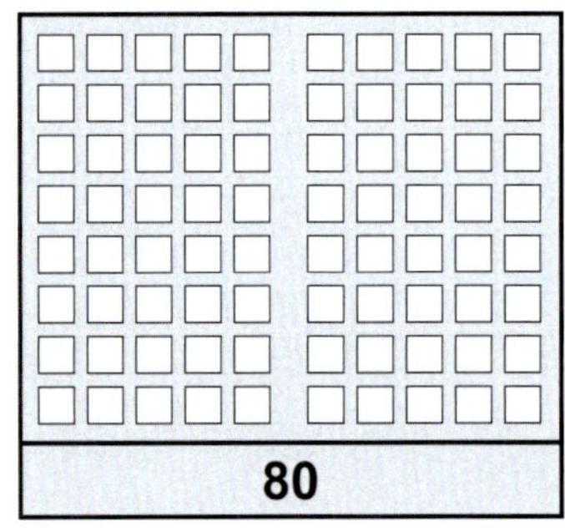

a)

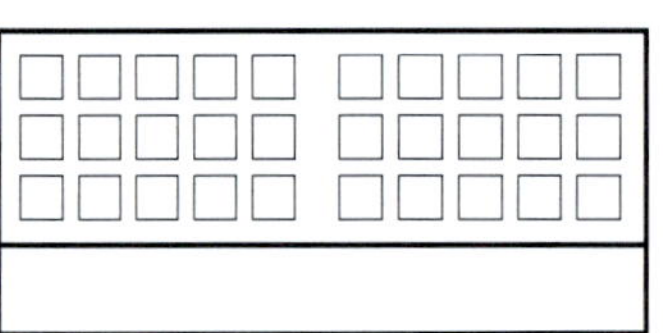

b)

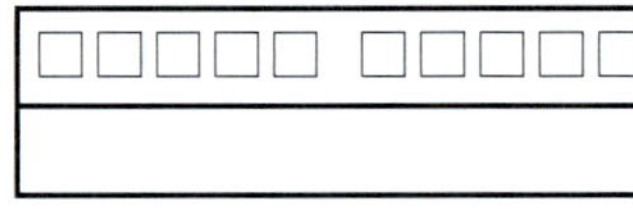

c)

d)

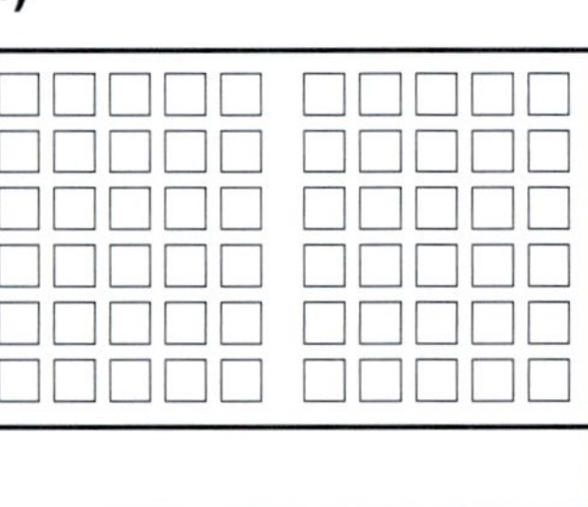

6 Zahlzuordnungen

Aufgabe 1: *Sicher kannst du die Zahlen richtig zuordnen.*
Male die Kästchen an. Benutze verschiedene Farben.

a)		**b)**	18
c)		**d)**	71
e)		**f)**	85
g)		**h)**	29
i)		**j)**	13
k)		**l)**	100

Zahlen begreifen - Zalenraum bis 100 – Bestell-Nr. 15 025

Aufgabe 2: *Lege mit deinen Zehnerstangen und Einerwürfeln. Male deine Lösungen.*

60	
73	
27	
19	
35	
100	
77	
81	

Tipp:
Lassen Sie die Kinder die Zehnerstangen in dunkelgelb, die Einerwürfel in grün malen.

Aufgabe 3: *Schreibe deine Lieblingszahl auf. Lege und male sie.*

Meine Lieblingszahl: ____________	

KOHL VERLAG Lernen mit Erfolg
Zahlen begreifen - Zalenraum bis 100 – Bestell-Nr. 15 025

7 Zahlenstrahl

Aufgabe 1: *Male immer zwei zusammengehörige Teile in einer Farbe an.*
Trage die Zahlen am Zahlenstrahl ein.

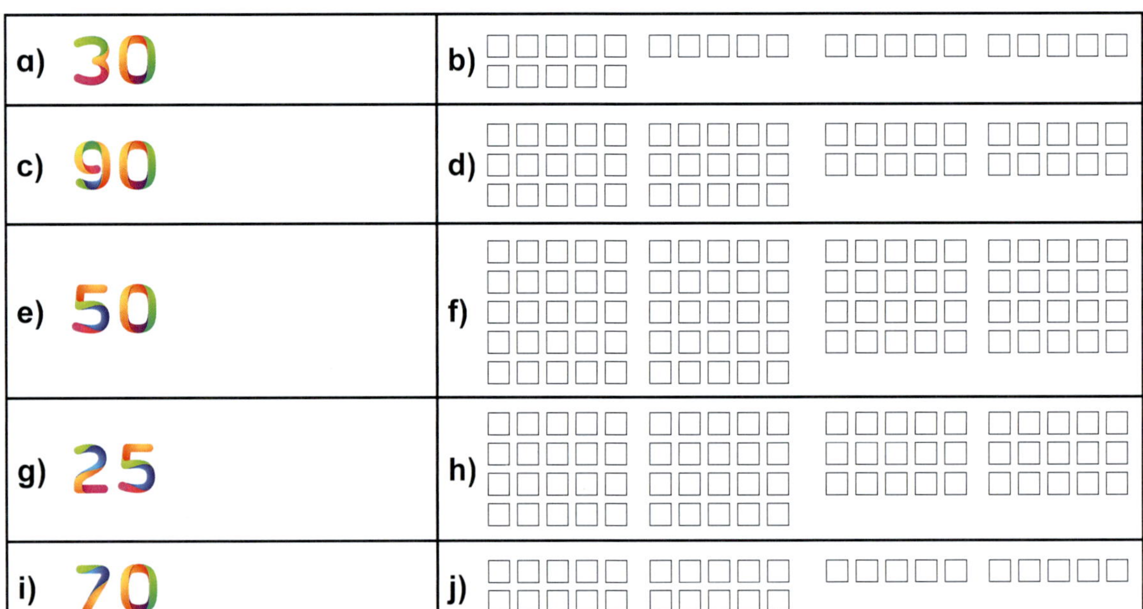

a) 30	b)
c) 90	d)
e) 50	f)
g) 25	h)
i) 70	j)

Aufgabe 2: *Trage die Zahlen am Zahlenstrahl ein.*

a) 10, 20, 80, 70, 30, 95

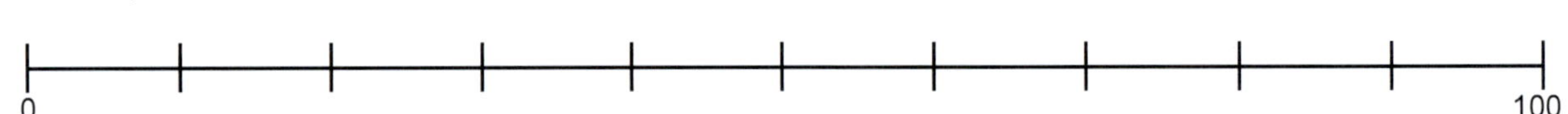

b) 65, 25, 75, 30, 85, 40

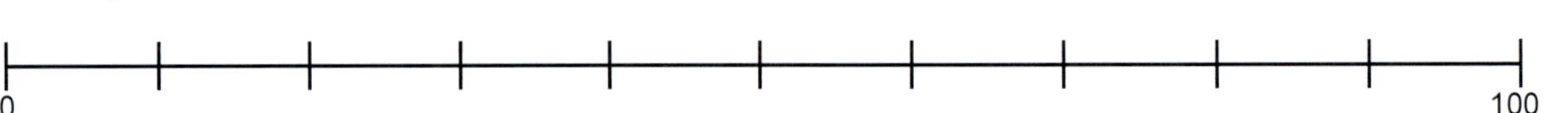

c) 5, 15, 45, 60, 90, 35

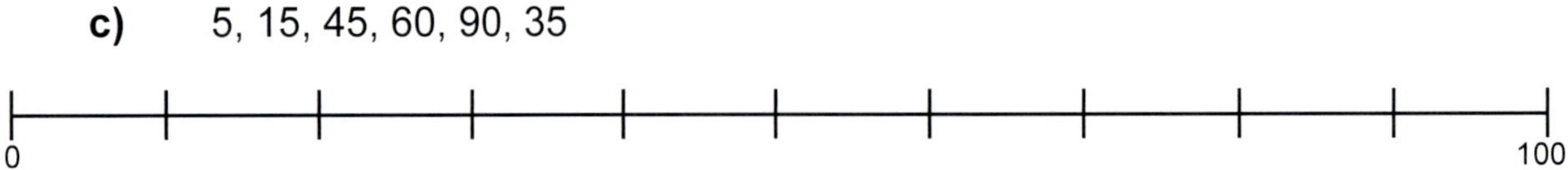

7 Zahlenstrahl

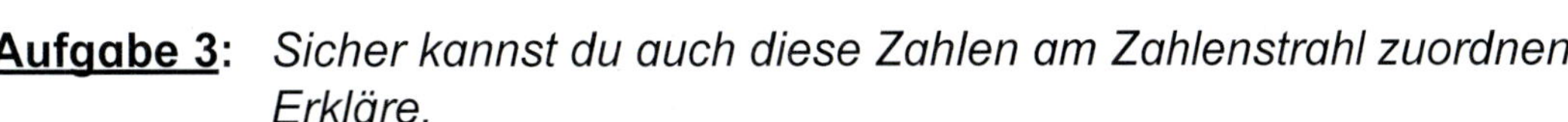

Aufgabe 3: *Sicher kannst du auch diese Zahlen am Zahlenstrahl zuordnen. Erkläre.*

a) ~~80~~ 40 20 90

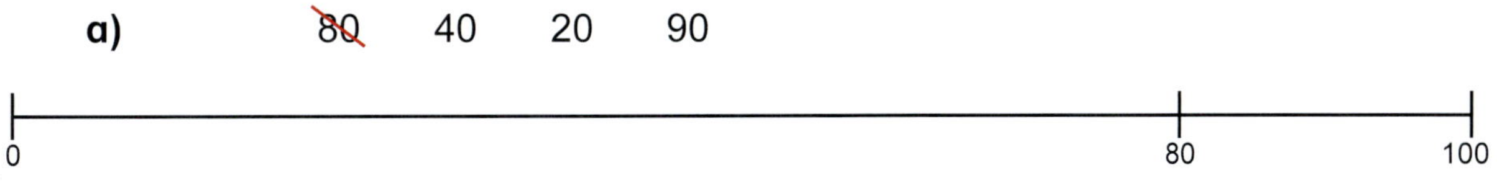

0 80 100

b) 50 25 75 60

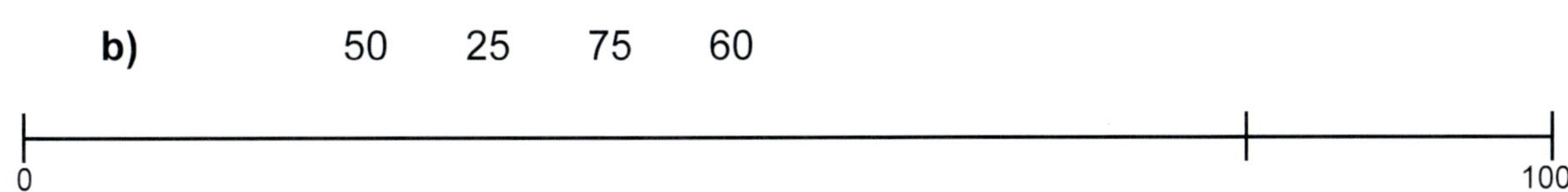

0 100

c) 30 10 80 95

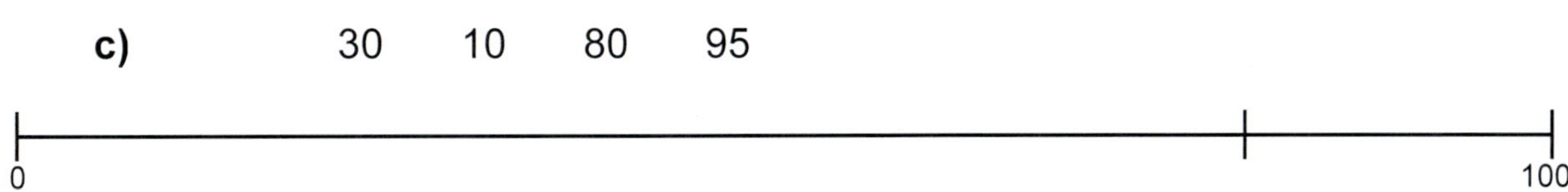

0 100

d) 18 35 80 75

0 100

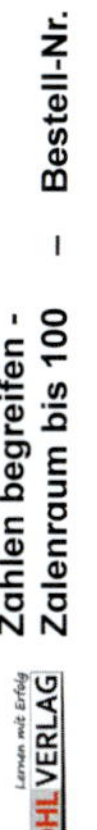

8 Das Hunderterfeld

Aufgabe 1: *Sicher kannst du die Zahlen in den 10 grauen Feldern eintragen.*
Welche Zahlen stehen unter der 5? Trage ein.
Welche Zahlen stehen unter der 8? Trage ein.

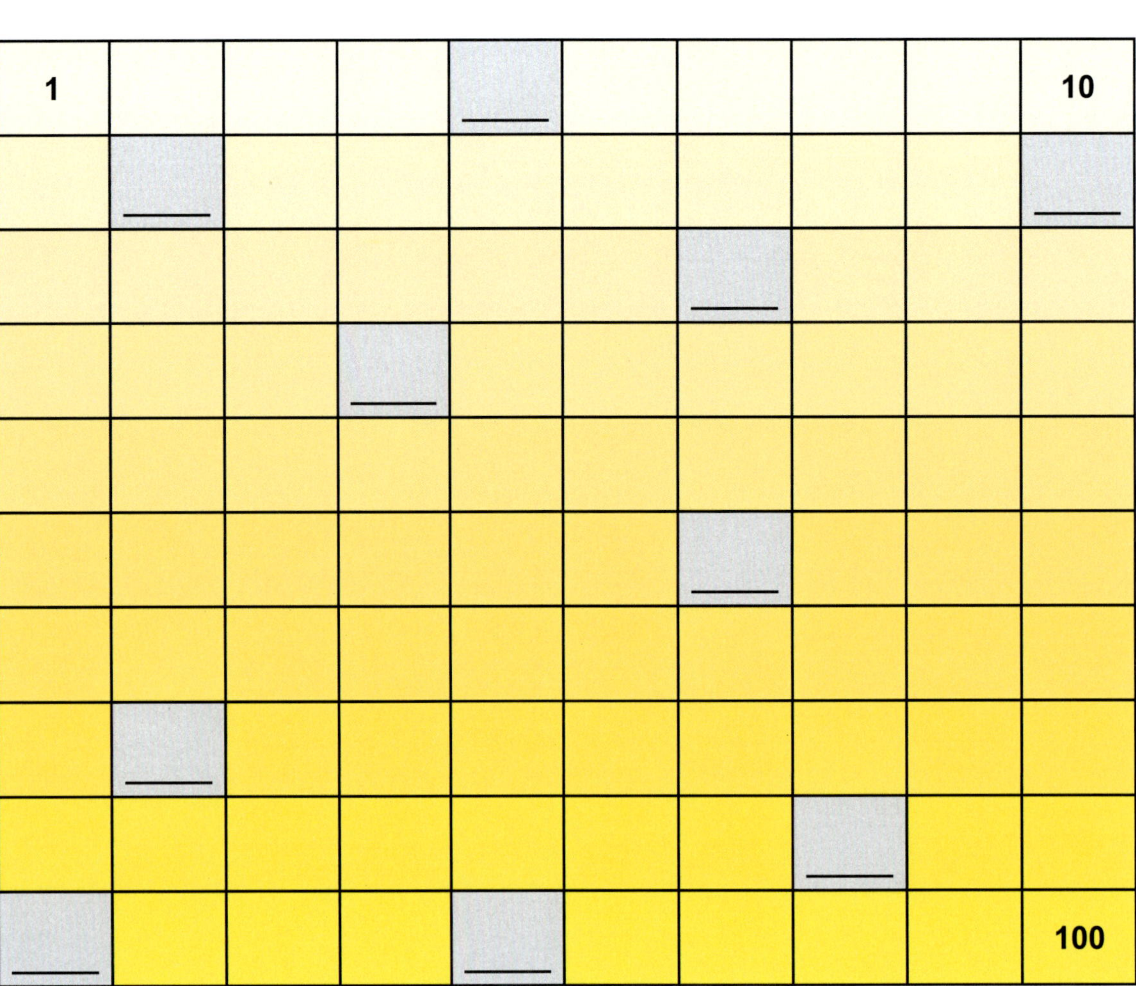

1				___					10
	___								___
						___			
			___						
						___			
	___								
							___		
___				___					100

Tipp:
Benutze deinen Zahlenstern zum Kontrollieren.

Finde die 10 Fehler im rechten Bild.

Aufgabe 2: *Sicher kannst du die dargestellten Zahlen erkennen. Schreibe sie in die Hundertertafel.*

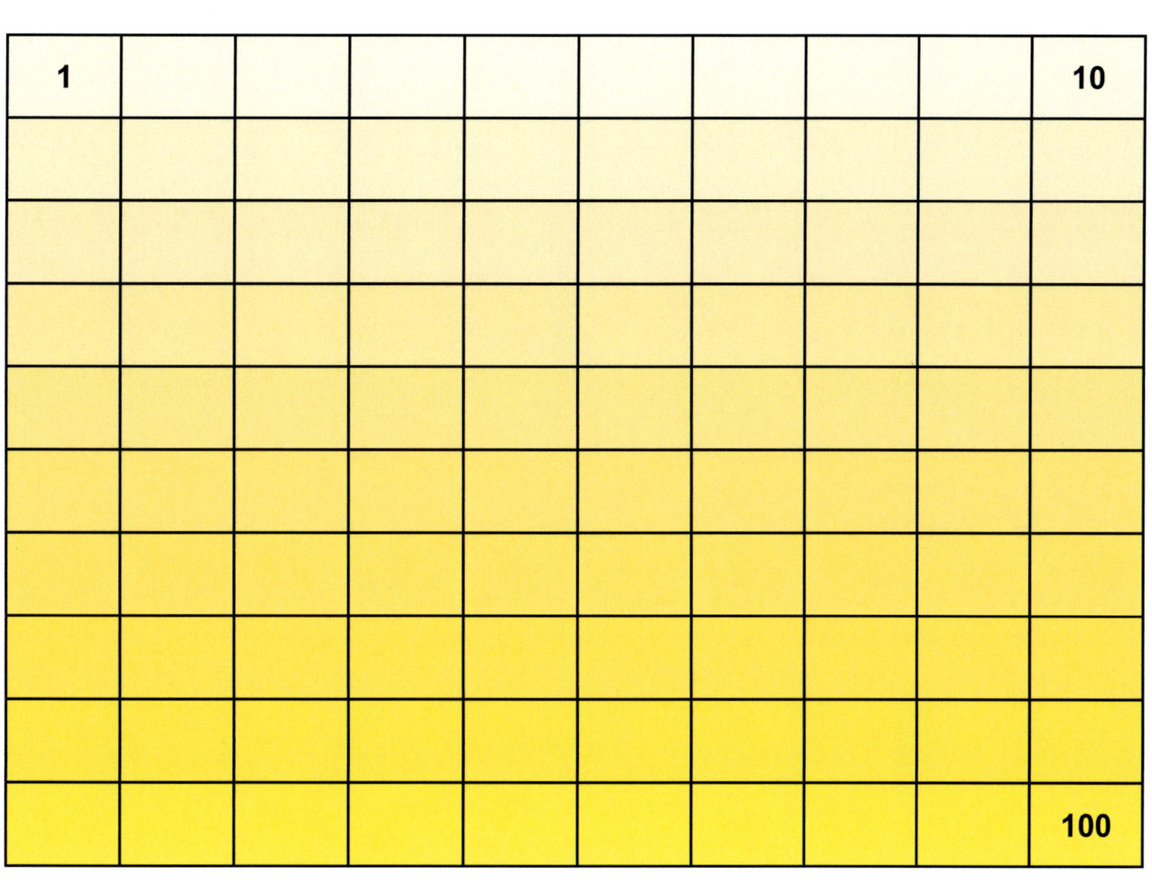

1									10
									100

a) 

b) 

c)

d)

e)

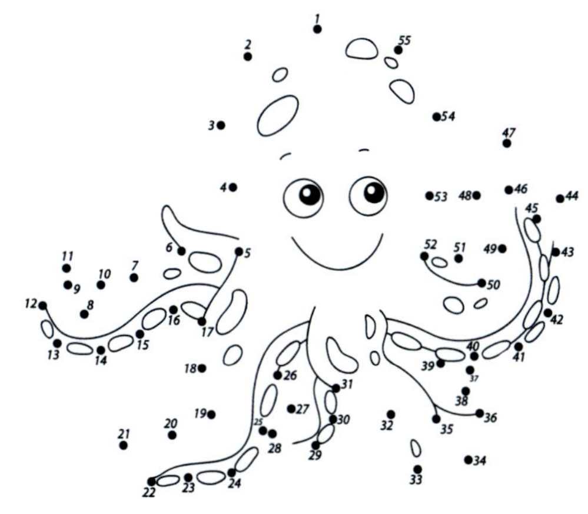

Zahlen begreifen - Zalenraum bis 100 – Bestell-Nr. 15 025
KOHL VERLAG

9 Zehner und Einer

Aufgabe 1: *Trage die Anzahl der Zehner und Einer in die Tabelle ein.*

Beispiel:

Zehner	Einer
□□□□□□□□□□ □□□□□□□□□□	□□□□
2	4

a)

Zehner	Einer
□□□□□□□□□□ □□□□□□□□□□ □□□□□□□□□□ □□□□□□□□□□ □□□□□□□□□□ □□□□□□□□□□	□□□□

b)

Zehner	Einer
□□□□□□□□□□ □□□□□□□□□□ □□□□□□□□□□ □□□□□□□□□□	□□□ □□□

c)

Zehner	Einer
□□□□□□□□□□	□□□□ □□□□

d)

Zehner	Einer
□□□□□□□□□□ □□□□□□□□□□ □□□□□□□□□□	□

e)

Zehner	Einer
□□□□□□□□□□ □□□□□□□□□□ □□□□□□□□□□ □□□□□□□□□□ □□□□□□□□□□	

Aufgabe 2: *Trage die gesuchten Zahlen ein.*

Beispiel:

Zehner	Einer
□□□□□□□□□□ □□□□□□□□□□	□□□□
2	4
24	

a)

Zehner	Einer
□□□□□□□□□□ □□□□□□□□□□ □□□□□□□□□□ □□□□□□□□□□	□□□□ □□□

b)

Zehner	Einer
□□□□□□□□□□ □□□□□□□□□□ □□□□□□□□□□ □□□□□□□□□□ □□□□□□□□□□ □□□□□□□□□□	□

c)

Zehner	Einer
□□□□□□□□□□	□□□□

d)

Zehner	Einer
□□□□□□□□□□ □□□□□□□□□□ □□□□□□□□□□ □□□□□□□□□□ □□□□□□□□□□ □□□□□□□□□□ □□□□□□□□□□ □□□□□□□□□□ □□□□□□□□□□	□□□□□

e)

Zehner	Einer
□□□□□□□□□□ □□□□□□□□□□ □□□□□□□□□□ □□□□□□□□□□ □□□□□□□□□□	□□□

KOHL VERLAG Zahlen begreifen - Zalenraum bis 100 – Bestell-Nr. 15 025

Aufgabe 3: *Sicher kannst du die Zehner und Einer bestimmen.*
Male dann deine Zahl als Zehnerstangen und Einerwürfel.

Beispiel:

		+++ ///
Zehner	**Einer**	33
3	3	

a)

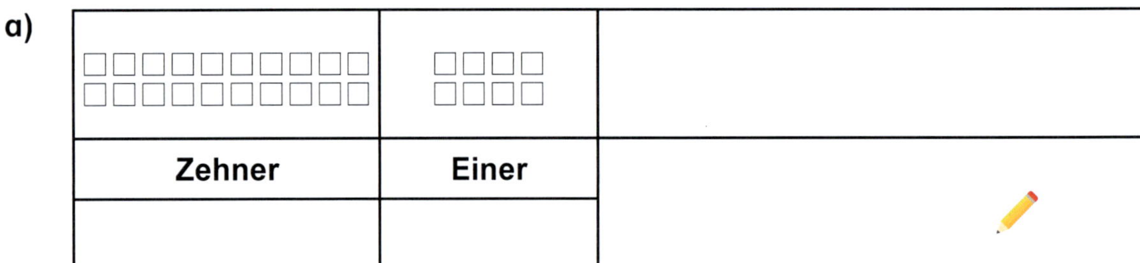

Zehner	**Einer**	

b)

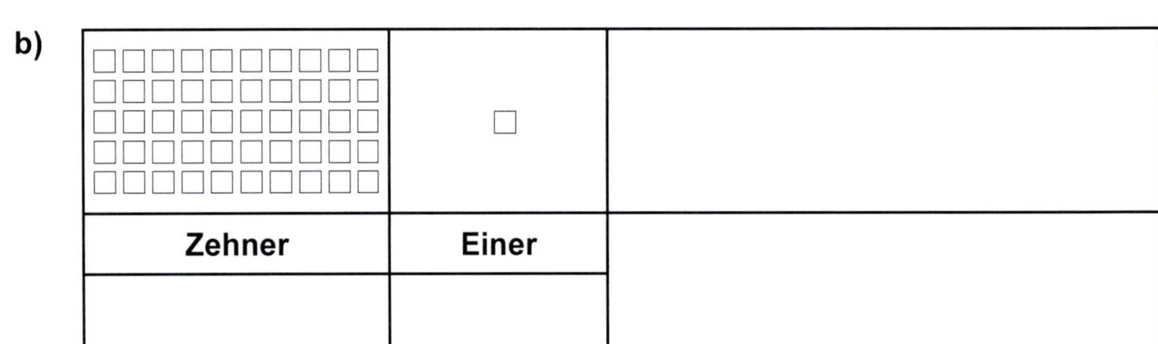

Zehner	**Einer**	

c)

Zehner	**Einer**	

d)

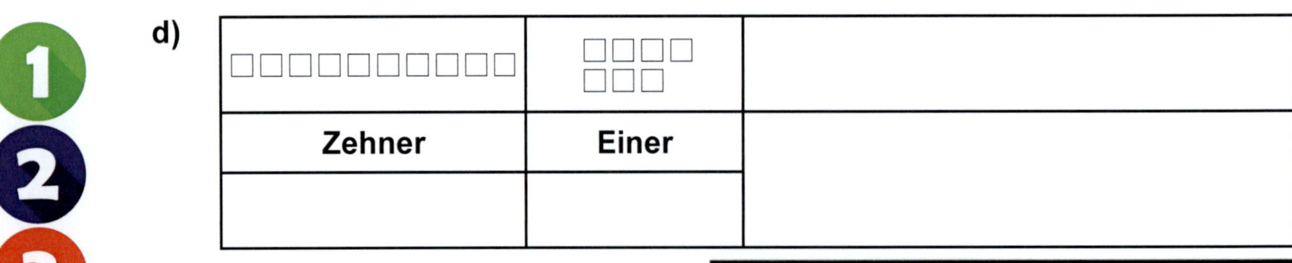

Zehner	**Einer**	

Tipp: Lege die Aufgaben mit deinen Zehnerstangen und Einerwürfeln.

Aufgabe 4: *Schreibe die passende Aufgabe zum Bild.*

Beispiel:

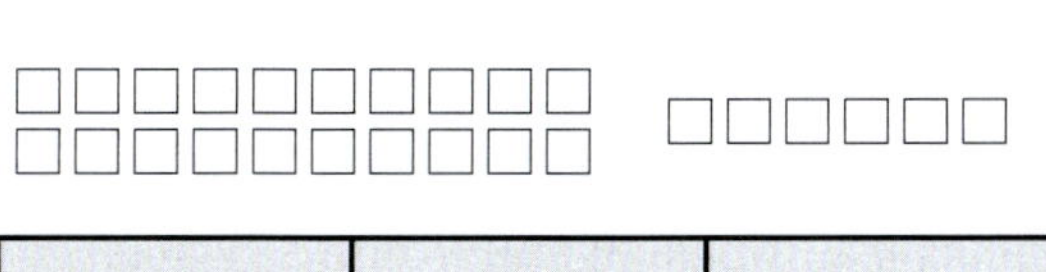

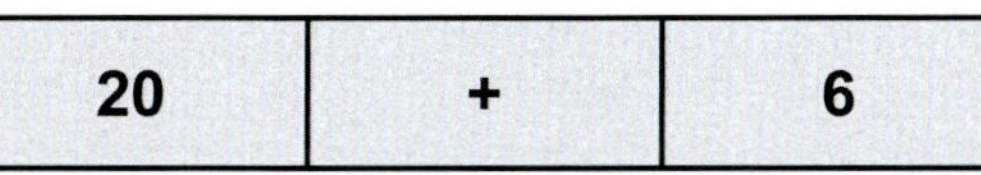

a)

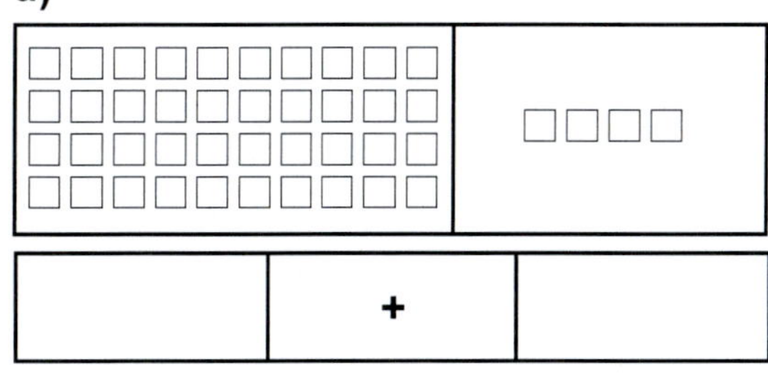

b)

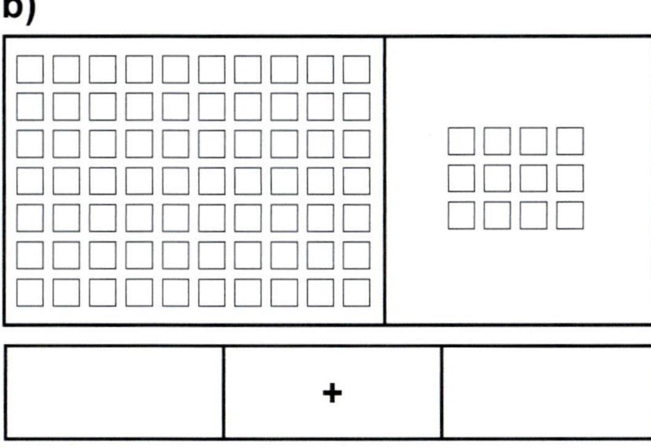

c)

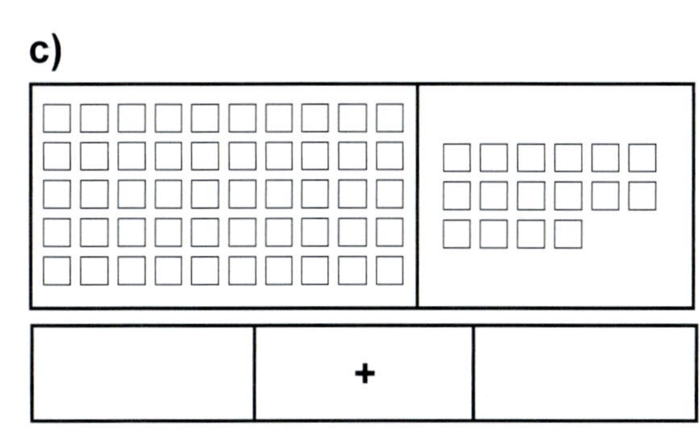

d)

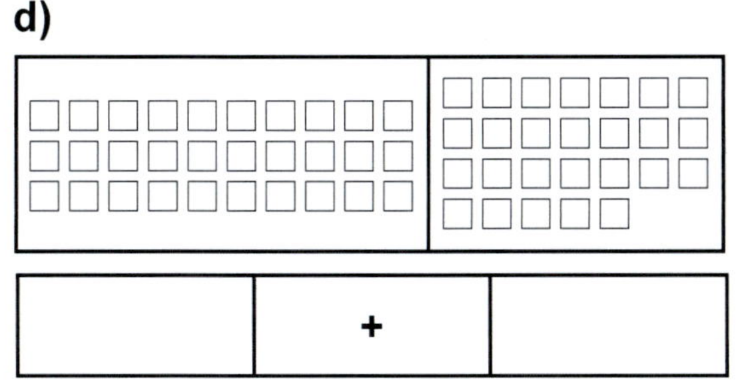

e)

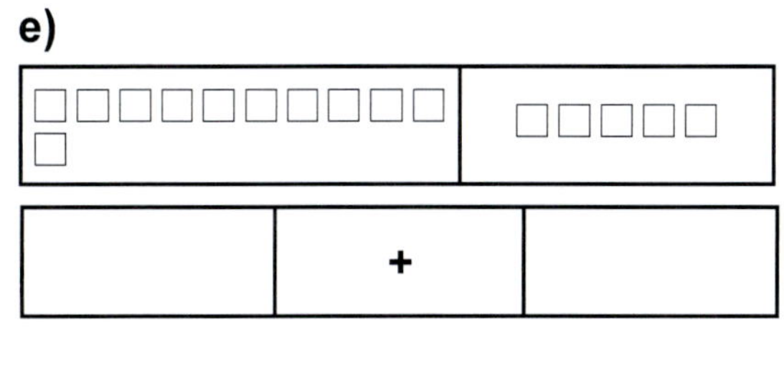

Tipp:
Benutze deine Zehnerstangen und Einerwürfel. Lege die Aufgaben und kontrolliere deine Ergebnisse.

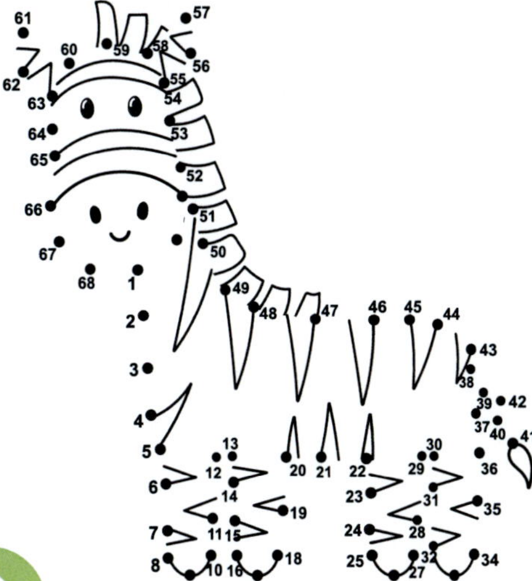

Vorgänger und Nachfolger

Aufgabe 1: *Trage die Zahlen ein.*

Beispiel:

Vorgänger	**Z**ahl	**N**achfolger
4	**5**	**6**

V	Z	N	V	Z	N	V	Z	N
	42			**36**			**88**	
	27			**89**			**24**	
	15			**81**			**21**	
	30			**99**			**49**	
	18			**8**			**9**	

Tipp:
Schaue zur Kontrolle auf deiner Hundertertafel nach.

Die 100er-Tafel

Aufgabe 1: *Trage die fehlenden Zahlen in den blauen Feldern ein.*

1		3	4		6	7	8	9	
11		13	14		16		18	19	
21	22	23	24	25	26		28		30
31		33	34	35	36	37	38	39	
	42		44	45	46	47		49	50
51	52		54		56	57	58		
61		63	64	65	66	67		69	
71		73	74	75	76		78	79	80
	82	83	84	85		87	88		
	92	93	94		96	97		99	100

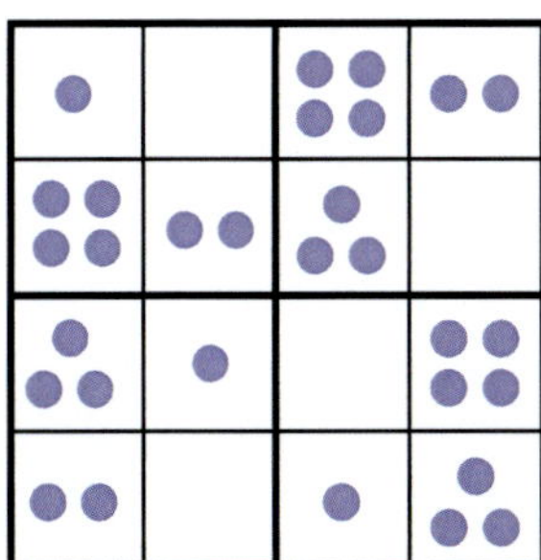

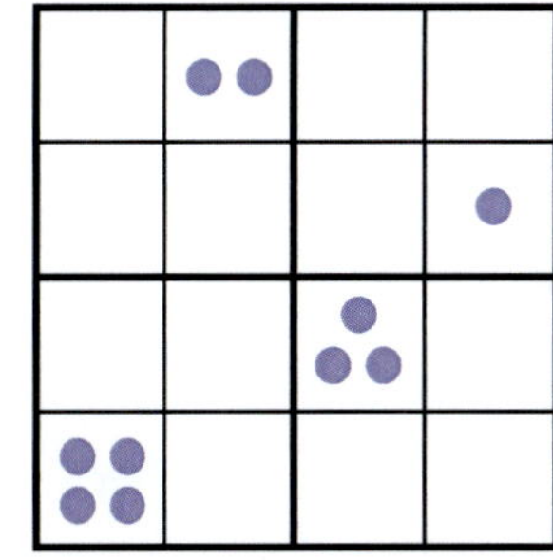

KOHL VERLAG Lernen mit Erfolg
Zahlen begreifen - Zalenraum bis 100 – Bestell-Nr. 15 025

Aufgabe 2: *Sicher kannst du die Zahlen bestimmen, die sich hinter den Bildern verstecken.*

	o)							d)	
h)			a)						
						n)			
		m)							e)
					b)				
	c)								l)
						f)			
k)		g)		p)					
								i)	
			j)						

a)	b)	c)	d)	e)	f)	g)	h)
i)	j)	k)	l)	m)	n)	o)	p)

KOHL VERLAG

12 Zahlen ordnen

Aufgabe 1: *Ordne die Zahlen. Beginne mit der Größten.*

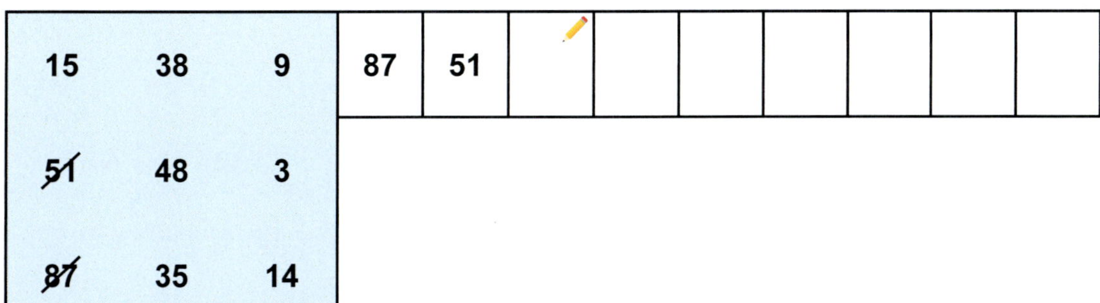

15	38	9
~~51~~	48	3
~~87~~	35	14

87	51							

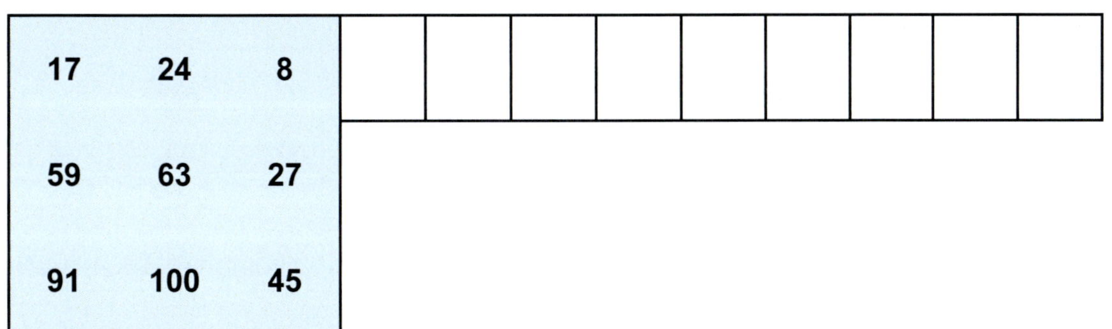

17	24	8
59	63	27
91	100	45

Aufgabe 2: *Ordne die Zahlen. Beginne mit der Kleinsten.*

100	2	54
19	24	45
17	3	11

Tipp:
Lege mit den Zehnerstäben und Einerwürfeln (LM 1). Dann siehst du rasch, welche die größere oder kleinere Zahl ist.

13 Die Zahlen von 0-100

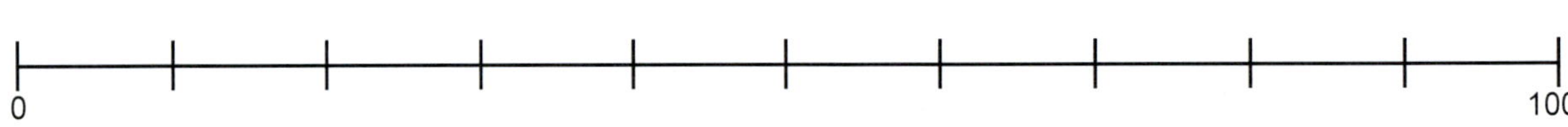

Aufgabe 1: *Kreise die gesuchten Zahlen ein.*

Größer als 25			
14	45	97	18
24	84	73	100

Größer als 56					
88	12	8	12	24	98
	100	37	65	56	

Größer als 6				
45	12	4	7	35
95	3	14	6	9

Größer als 84				
83	45	82	84	97
92	100	35	17	

Größer als 75				
84	35	72	91	13
48	92	42	74	

Größer als 18				
91	75	16	27	42
2	94	43	12	11

Aufgabe 2: *Welche Zahl ist größer (>) bzw. kleiner (<)? Trage ein!*

a)			b)			c)		
10	>	5	36		63	5		55
9		8	82		84	84		74
85		84	12		12	66		36
24		42	5		7	37		94
34		94	91		85	17		18
97		74	87		88	8		8

Tipp:
Benutze deine Zehnerstangen und Einerwürfel (LM 1). Lege die Zahlen und entscheide dann.

Zahlen begreifen - Zalenraum bis 100 – Bestell-Nr. 15 025
KOHL VERLAG Lernen mit Erfolg

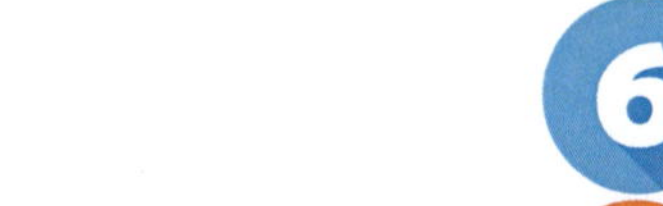

Aufgabe 3: *Rechne und erkläre.*

Beispiel:

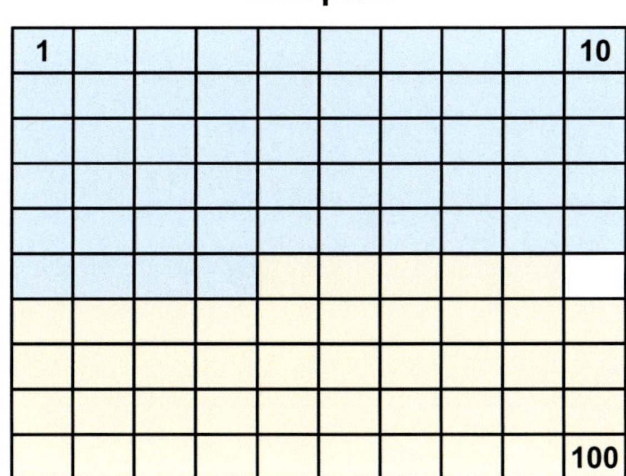

54 + 45 = 99

a)

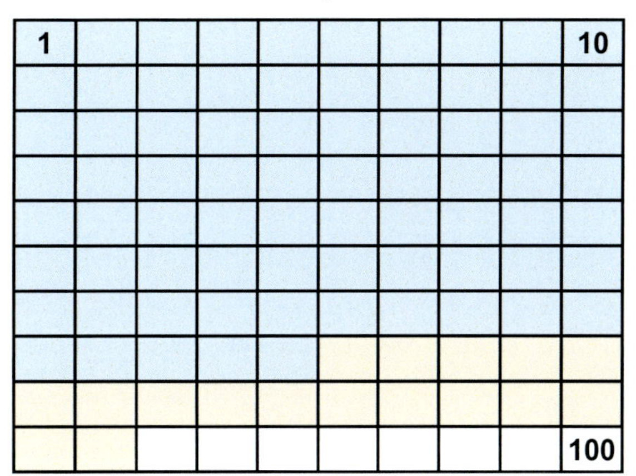

b)

c)

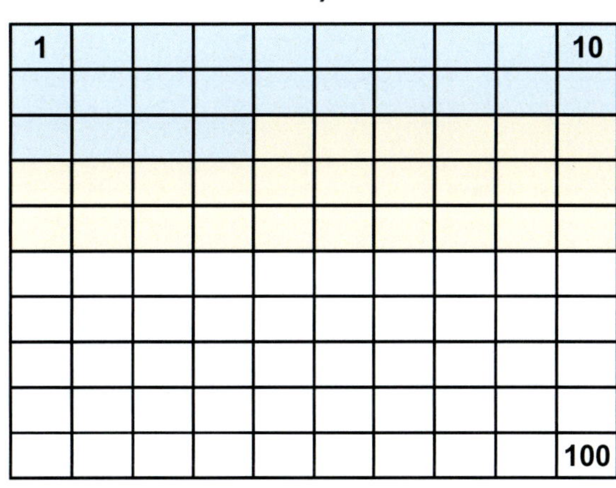

d)

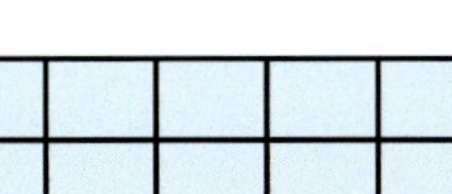

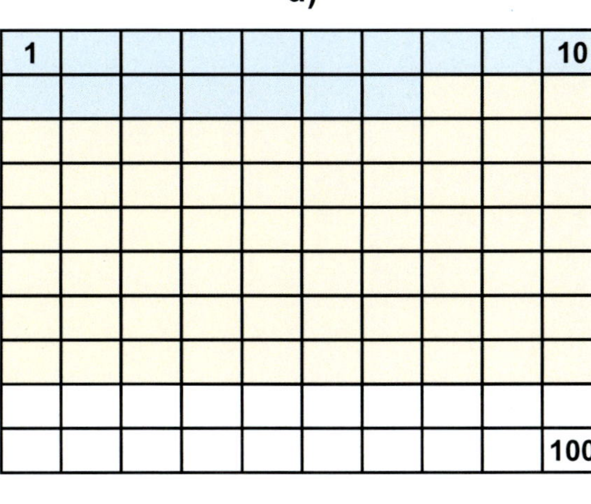

e)

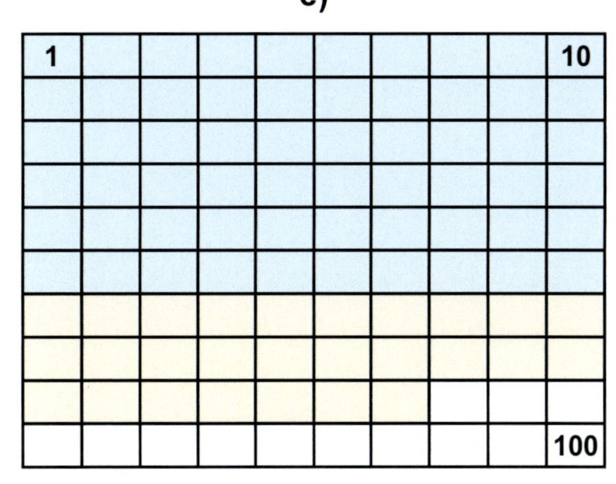

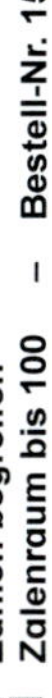

Verdoppeln

Aufgabe 1: *Nimm einen Spiegel und halte ihn an die Linie. Schreibe dann die Aufgabe darunter auf.*

Beispiel:

4 + 4 = 8

a)

b)

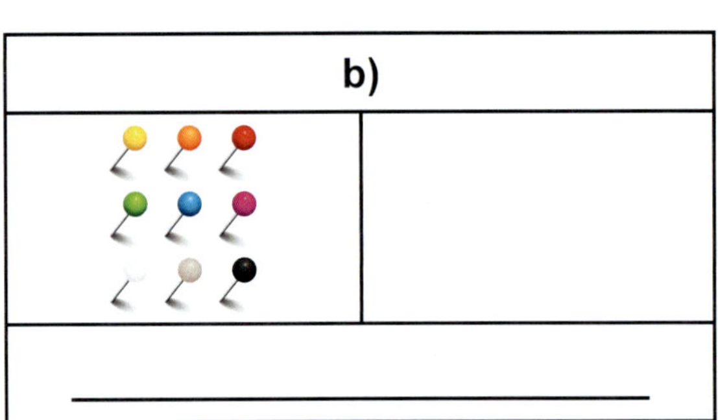

c)

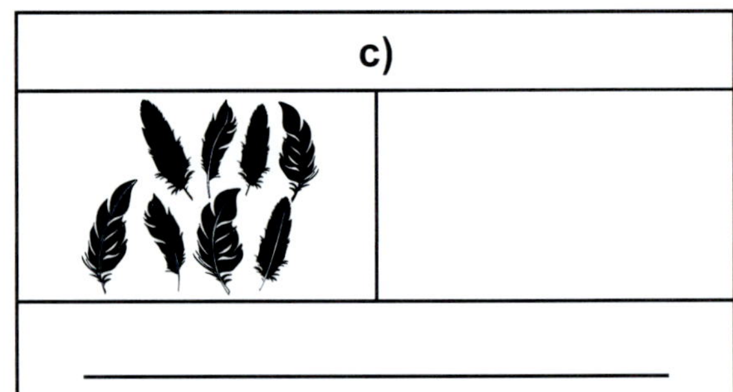

d)

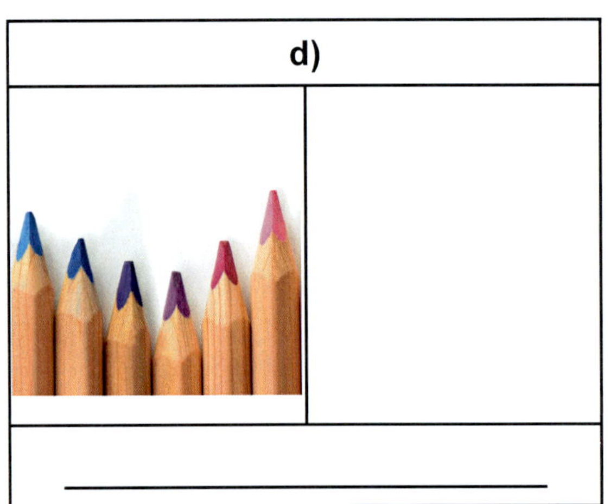

e)

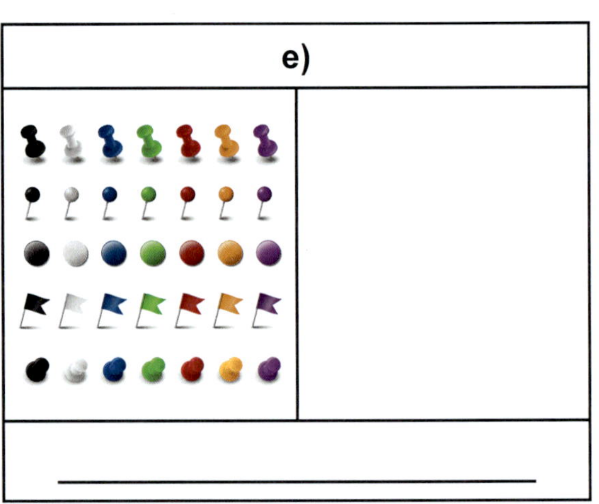

f)

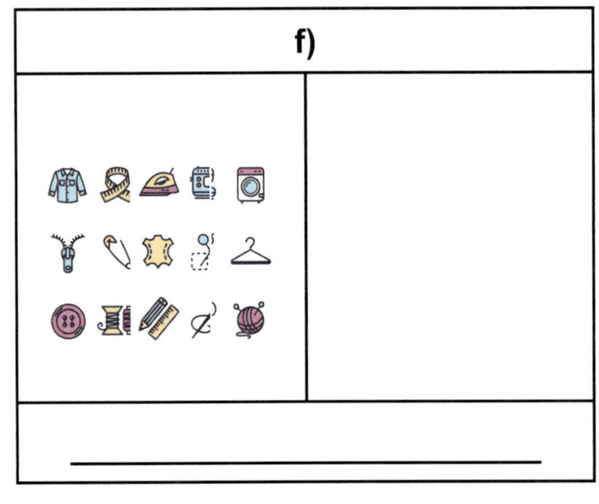

g)

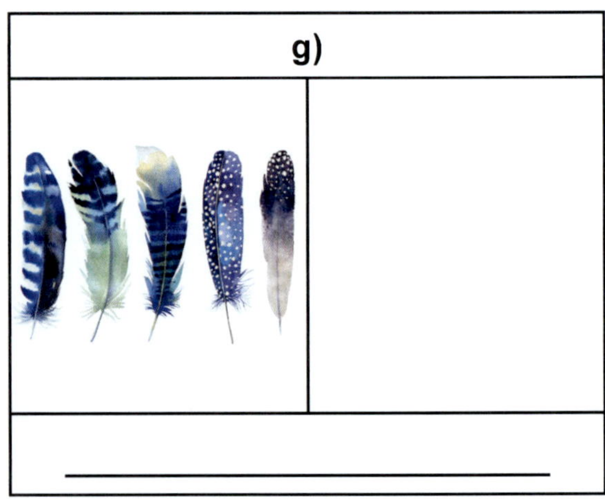

Aufgabe 2: *Verdoppele. Male und erkläre.*

Beispiel:

Zahl	Die Hälfte
□□□□□□	□□□
6	3

a)

Zahl	Die Hälfte
26	

b)

Zahl	Die Hälfte
□□□□□ □□□□□ □□□□□ □□□	

c)

Zahl	Die Hälfte
□□□□□□□□ □□□□□□□□ □□□□□□□□ □□□□□□	

d)

Zahl	Die Hälfte
90	

e)

Zahl	Die Hälfte
	35

f)

Zahl	Die Hälfte
76	

g)

Zahl	Die Hälfte
□□□□□□□□□ □□□□□□□□□ □□□□□□□□□ □□□□□□□□□ □□□□	

15 Rechnen bis 100

Aufgabe 1: *Rechne die Aufgaben. Nutze deine Zehnerstäbe und Einerwürfel.*

Riesenaufgaben	Zwergenaufgaben
Beispiel: 30 + 50 = 80	**3 + 5 = 8**
a) 80 + 10 = ________	**8 + 1 = ________**
b) 40 + 60 = ________	**4 + 6 = ________**
c) 10 + 80 = ________	**1 + 8 = ________**
d) 50 + 50 = ________	**5 + 5 = ________**
e) 20 + 40 = ________	**2 + 4 = ________**
f) 60 + 30 = ________	**6 + 3 = ________**

Zahlen begreifen - Zalenraum bis 100 – Bestell-Nr. 15 025
KOHL VERLAG

Aufgabe 2: *Rechne und erkläre.*

Riesenaufgaben	Zwergenaufgaben
Beispiel: 44 + 20 = 64	**4 + 20 = 24**
a) 25 + 20 = ________	**5 + 20 = ________**
b) 36 + 30 = ________	**6 + 30 = ________**
c) 17 + 50 = ________	**7 + 50 = ________**
d) 80 + 10 = ________	**8 + 10= ________**
e) 13 + 60 = ________	**3 + 60 = ________**
f) 57 + 20 = ________	**7 + 20 = ________**

Aufgabe 3: *Rechne. Sicher fällt dir etwas auf.*
Schreibe deine Entdeckungen in dein Heft.

a)	b)	c)	d)
26 + 40 = ______	17 + 3 = ______	0 + 20 = ______	70 - 2 = ______
28 + 40 = ______	16 + 4 = ______	20 + 18 = ______	60 - 2 = ______
30 + 40 = ______	15 + 5 = ______	40 + 16 = ______	50 - 2 = ______
32 + 40 = ______	14 + 6 = ______	60 + 14 = ______	40 - 2 = ______
____________	____________	____________	____________

Beispiel: Meine Entdeckung bei **a):** Die erste Zahl vergrößert sich immer um +2, die zweite Zahl bleibt immer gleich, das Ergebnis wird immer um +2 größer.

e)	f)	g)	h)
19 - 5 = ______	47 - 11 = ______	85 - 5 = ______	36 - 3 = ______
20 - 6 = ______	47 - 10 = ______	84 - 5 = ______	38 - 6 = ______
21 - 7 = ______	47 - 9 = ______	83 - 5 = ______	40 - 9 = ______
22 - 8 = ______	47 - 8 = ______	82 - 5 = ______	42 - 12 = ______
____________	____________	____________	____________

Zahlen begreifen - Zalenraum bis 100 – Bestell-Nr. 15 025
KOHL VERLAG Lernen mit Erfolg

Vorlage „Verliebte Zahlen“

KV 1: Verliebte Zahlen

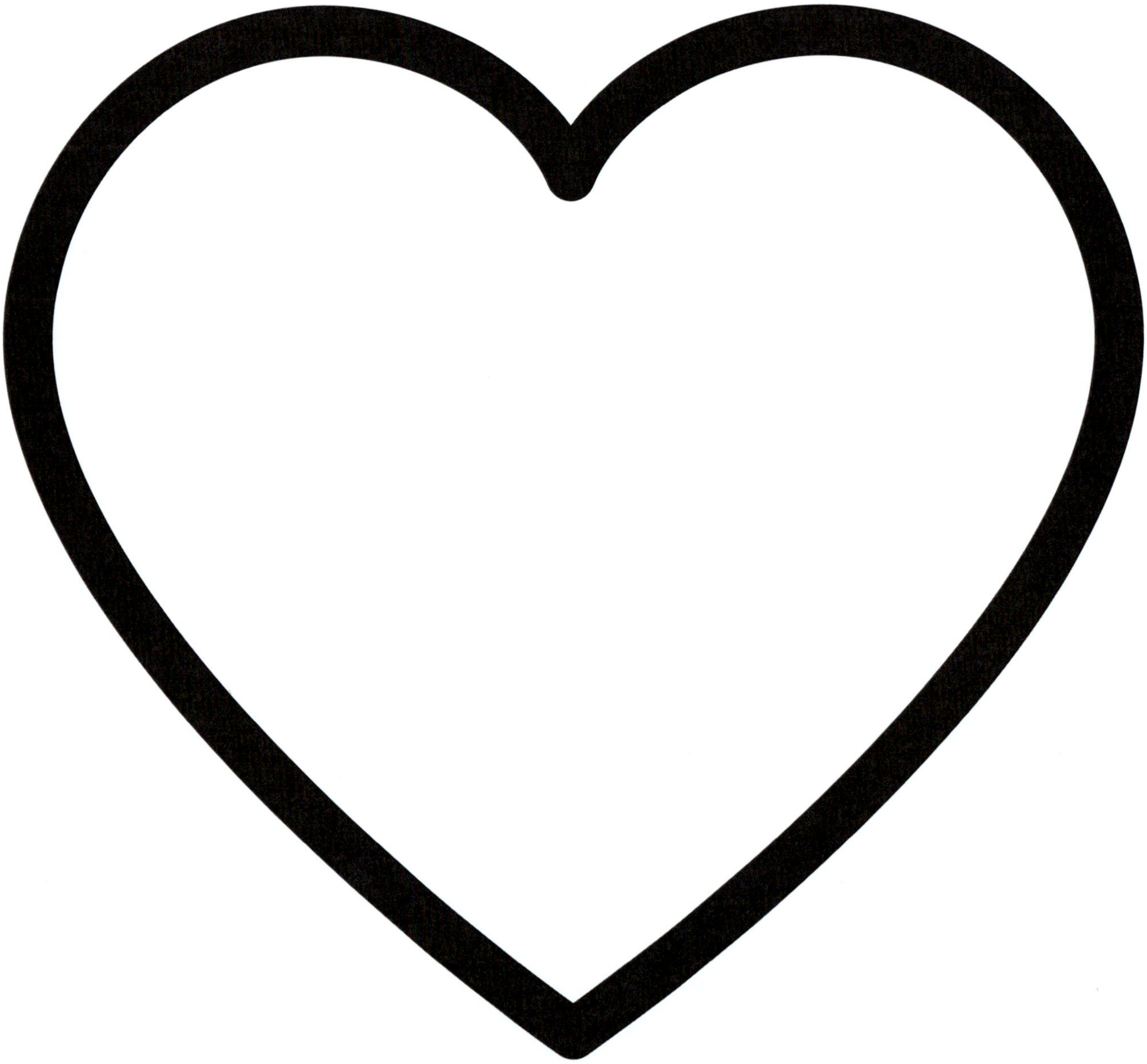

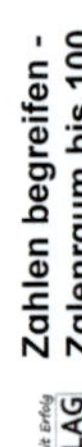

Legematerialien zum Ausschneiden

LM 1: Zehnerstäbe, Einerwürfel

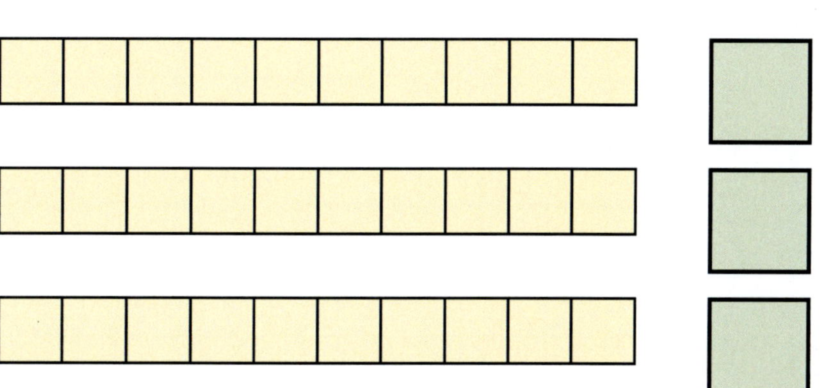

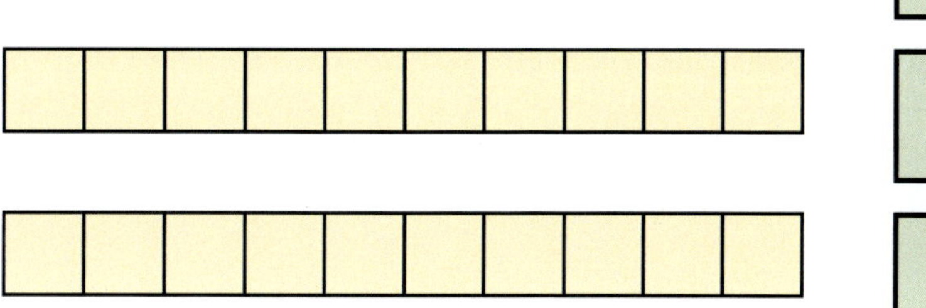
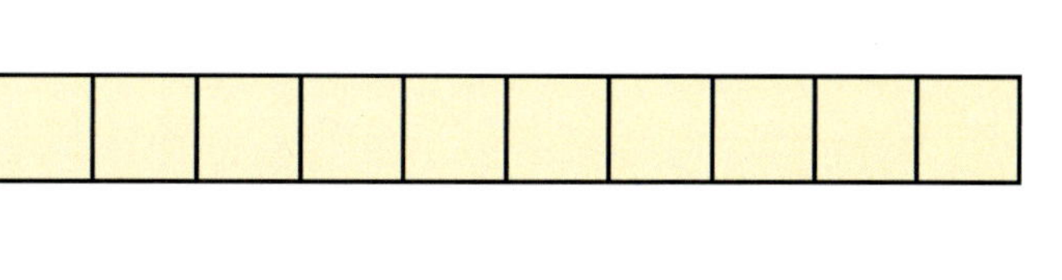
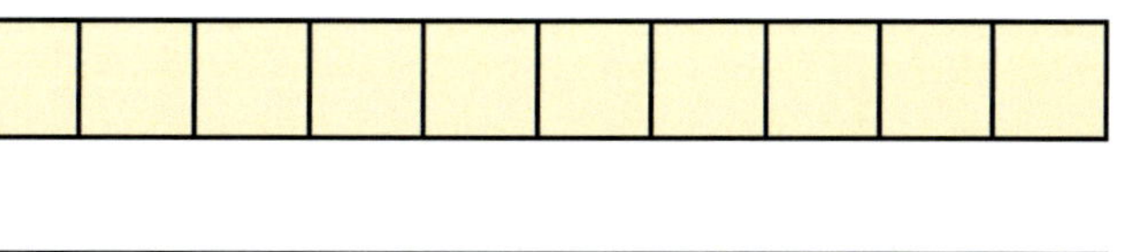
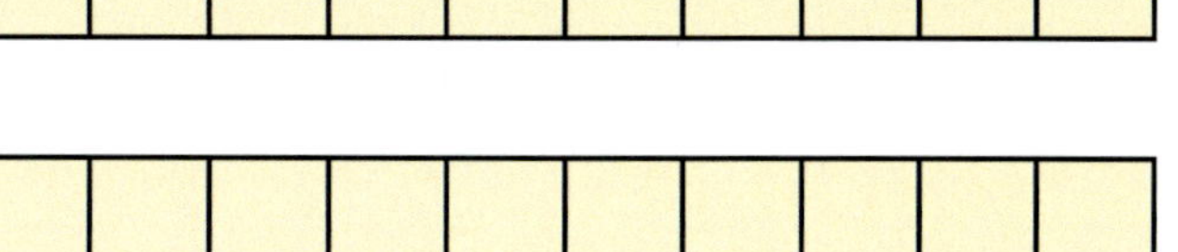

KOHL VERLAG Zahlen begreifen - Zalenraum bis 100 – Bestell-Nr. 15 025

Legematerialien zum Ausschneiden

LM 1: Zehnerstäbe, Einerwürfel

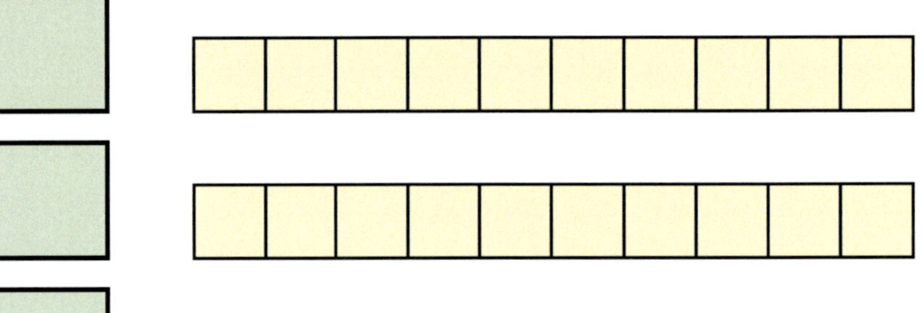
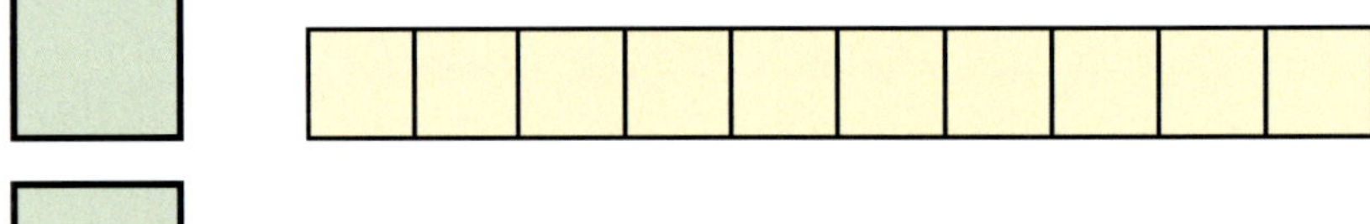
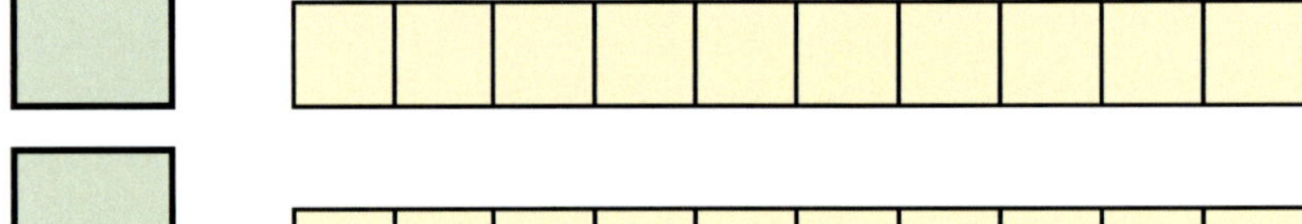
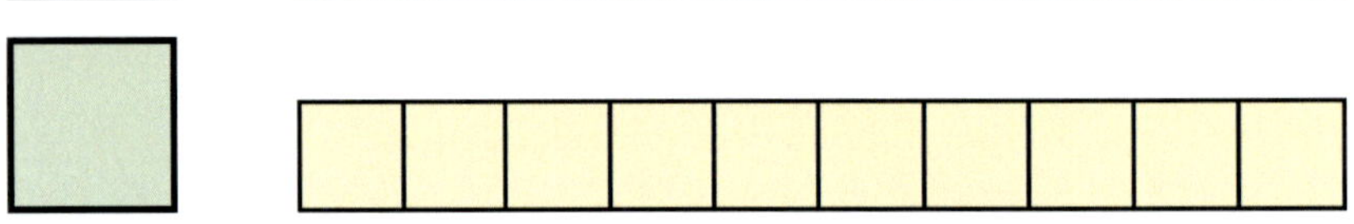
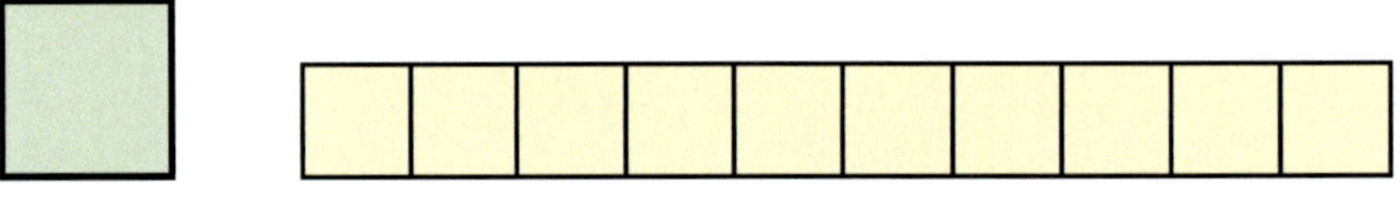
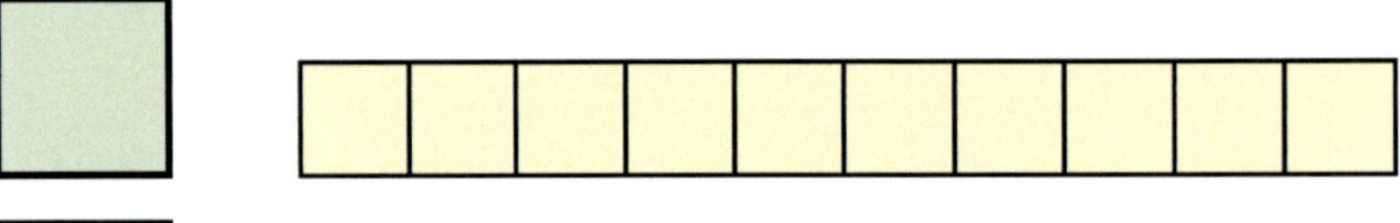
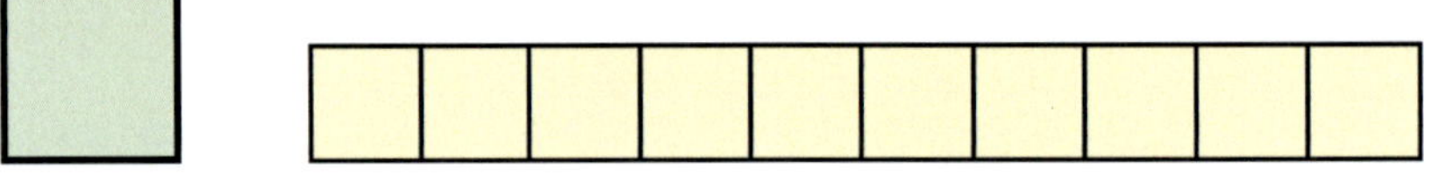
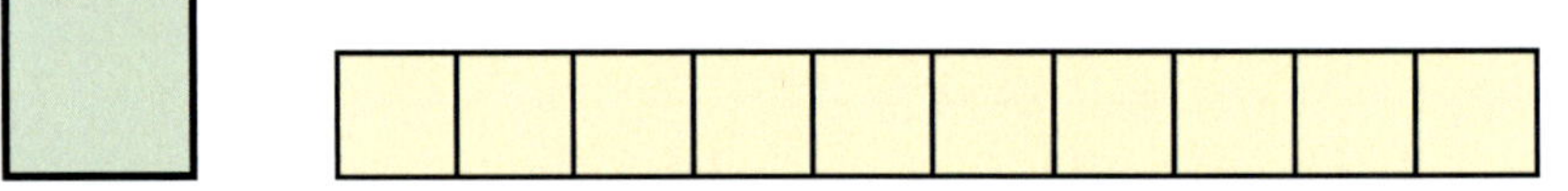
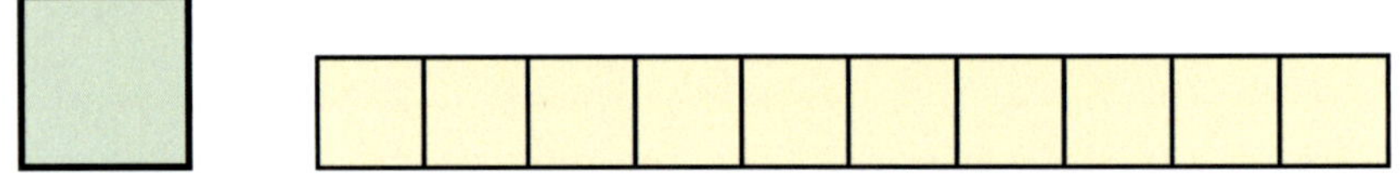
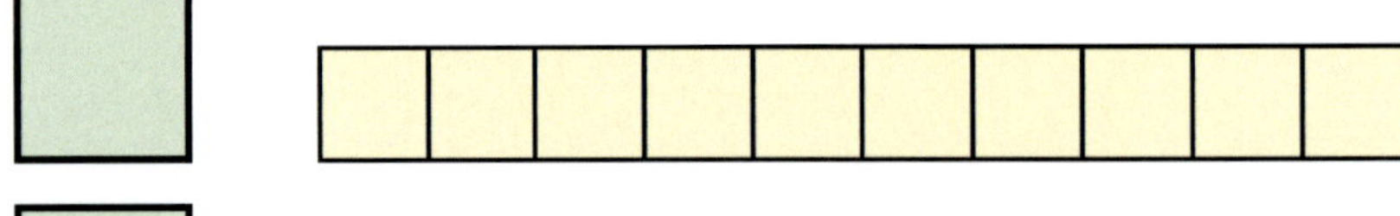
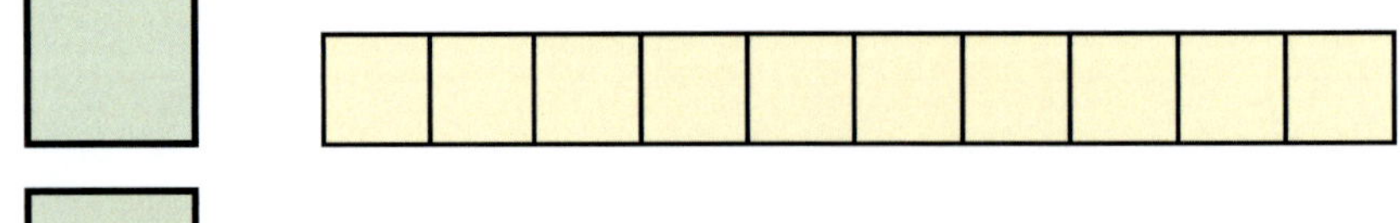

LM 2: Zwanzigerfeld mit Plättchen

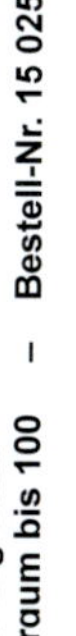

LM 2: Zwanzigerfeld mit Plättchen

LM 3: Zahlenstern

LM 3: Zahlenstern

100

LM 3: Zahlenstern

1	11
2	12
3	13
4	14
5	15
6	16
7	17
8	18
9	19
10	20

LM 3: Zahlenstern

10 + 1	10 - 9
10 + 2	10 - 8
10 + 3	10 - 7
10 + 4	10 - 6
10 + 5	10 - 5
10 + 6	10 - 4
10 + 7	10 - 3
10 + 8	10 - 2
10 + 9	10 - 1
10 + 10	10 - 0

KOHL VERLAG Zahlen begreifen - Zalenraum bis 100 – Bestell-Nr. 15 025

LM 3: Zahlenstern

21	31
22	32
23	33
24	34
25	35
26	36
27	37
28	38
29	39
30	40

LM 3: Zahlenstern

30 + 1	20 + 1
30 + 2	20 + 2
30 + 3	20 + 3
30 + 4	20 + 4
30 + 5	20 + 5
30 + 6	20 + 6
30 + 7	20 + 7
30 + 8	20 + 8
30 + 9	20 + 9
30 + 10	20 + 10

LM 3: Zahlenstern

41	51
42	52
43	53
44	54
45	55
46	56
47	57
48	58
49	59
50	60

LM 3: Zahlenstern

50 + 1	40 + 1
50 + 2	40 + 2
50 + 3	40 + 3
50 + 4	40 + 4
50 + 5	40 + 5
50 + 6	40 + 6
50 + 7	40 + 7
50 + 8	40 + 8
50 + 9	40 + 9
50 + 10	40 + 10

LM 3: Zahlenstern

61	71
62	72
63	73
64	74
65	75
66	76
67	77
68	78
69	79
70	80

LM 3: Zahlenstern

70 + 1	60 + 1
70 + 2	60 + 2
70 + 3	60 + 3
70 + 4	60 + 4
70 + 5	60 + 5
70 + 6	60 + 6
70 + 7	60 + 7
70 + 8	60 + 8
70 + 9	60 + 9
70 + 10	60 + 10

LM 3: Zahlenstern

81	91
82	92
83	93
84	94
85	95
86	96
87	97
88	98
89	99
90	100

LM 3: Zahlenstern

90 + 1	80 + 1
90 + 2	80 + 2
90 + 3	80 + 3
90 + 4	80 + 4
90 + 5	80 + 5
90 + 6	80 + 6
90 + 7	80 + 7
90 + 8	80 + 8
90 + 9	80 + 9
90 + 10	80 + 10

Lösungen

2 Zahlen bis 10

Seite 8, Aufgabe 1:
adgh, bknr, ciqp, efot, mjsl

3 Rechnen bis 10

Seite 9, Aufgabe 1:
a) 4 + 6 = 10, **b)** 5 + 5 = 10, **c)** 7 + 3 = 10,
d) 2 + 8 = 10, **e)** 8 + 2 = 10, **f)** 3 + 7 = 10,
g) 6 + 4 = 10, **h)** 9 + 1 = 10, **i)** 10 + 0 = 10

Seite 10, Aufgabe 3:
a) 4 + 6 = 10, **b)** 7 + 3 = 10, **c)** 9 + 1 = 10,
d) 7 + 3 = 10, **e)** 2 + 8 = 10, **f)** 4 + 6 = 10,
g) 5 + 5 = 10, **h)** 10 + 0 = 10, **i)** 9 + 1 = 10,
j) 6 + 4 = 10, **k)** 3 + 7 = 10

Seite 11, Aufgabe 4:
a) 2 + 6 = 8, **b)** 3 + 3 = 6, **c)** 6 + 3 = 9, **d)** 3 + 5 = 8,
e) 4 + 4 = 8

Seite 12, Aufgabe 5:
a) 8 - 4 = 4, **b)** 9 - 7 = 2, **c)** 7 - 6 = 1, **d)** 4 - 4 = 0,
e) 10 - 7 = 3, **f)** 10 - 5 = 5, **g)** 10 - 5 = 5, **h)** 9 - 7 = 2,
i) 6 - 3 = 3

4 Rechnen bis 20

Seite 13, Aufgabe 1:
Die Hälfte von 4 ist 2, die Hälfte von 10 ist 5,
die Hälfte von 18 ist 9, die Hälfte von 20 ist 10,
die Hälfte von 6 ist 3, die Hälfte von 14 ist 7.

Seite 14, Aufgabe 2:
Es fliegen 72 Schmetterlinge herum.

Seite 14, Aufgabe 3:
Jonathan hat 50 Legosteine.

5 Zehner und Einer

Seite 15, Aufgabe 1:
a) 3 Z, 0 E, **b)** 4 Z, 7 E, **c)** 5 Z, 0 E, **d)** 1 Z, 7 E

Seite 16, Aufgabe 2:
a) 3 Z, 1 E, **b)** 6 Z, 9 E, **c)** 3 Z, 6 E

Seite 17, Aufgabe 3:
aüu, dzä, ghc, jbi, mer, pkf, stß, vnl, yqo, öwx

Seite 18, Aufgabe 4:
a) 30, **b)** 10, **c)** 100, **d)** 60

6 Zahlzuordnungen

Seite 18, Aufgabe 1:
al, ch, ej, gf, ib, kd

7 Zahlenstrahl/100er Feld

Seite 20, Aufgabe 1:
aj, cf, ed, gb, ih

Seite 20, Aufgabe 2:

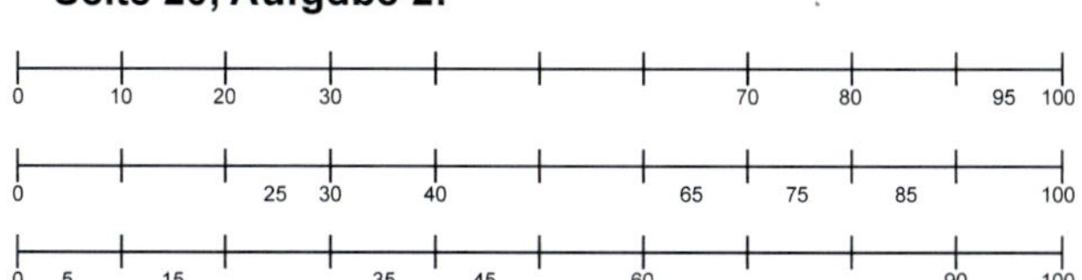

8 Das Hunderterfeld

Seite 22, Aufgabe 1:

1				5					10
	12								20
						27			
			34						
						57			
	72								
							88		
91				95					100

Seite 23, Aufgabe 2:

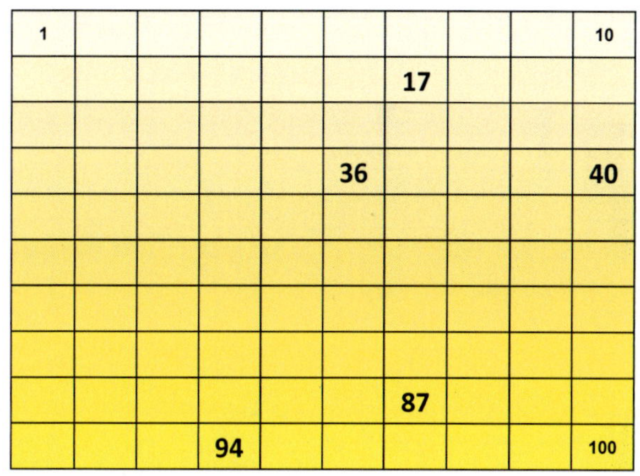

9 Zehner und Einer

Seite 24, Aufgabe 1:
a) 64, **b)** 46, **c)** 18, **d)** 31, **e)** 50

Seite 25, Aufgabe 2:
a) 4 Z, 7 E = 47, **b)** 6 Z, 1 E = 61, **c)** 1 Z, 4 E = 14,
d) 9 Z, 5 E = 95, **e)** 5 Z, 3 E = 53

Seite 26, Aufgabe 3:
a) 2Z + 8E = 28, **b)** 5Z + 1E = 51,
c) **4Z + 9E = 49**, **d)** 1Z + 7E = 17

Seite 27, Aufgabe 4:
a) 40 + 4 = 44, **b)** 70 + 12 = 82,
c) 50 + 16 = 66, **d)** 30 26 = 56,
e) 11 + 5 = 16

Lösungen

10 Vorgänger und Nachfolger

Seite 28, Aufgabe 1:

V	Z	N	V	Z	N	V	Z	N
41	42	43	35	36	37	87	88	89
26	27	28	88	89	90	23	24	25
14	15	16	80	81	82	20	21	22
29	30	31	98	99	100	48	49	50
17	18	19	7	8	9	8	9	10

11 Die 100er Tafel

Seite 29, Aufgabe 1:

1	**2**	3	4	**5**	6	7	8	9	**10**
11	**12**	13	14	**15**	16	**17**	18	19	**20**
21	22	23	24	25	26	**27**	28	**29**	30
31	**32**	33	34	35	36	37	38	39	**40**
41	42	**43**	44	45	46	47	**48**	49	50
51	52	**53**	54	**55**	56	57	58	**59**	**60**
61	**62**	63	64	65	66	67	**68**	69	**70**
71	**72**	73	74	75	76	**77**	78	79	80
81	82	83	84	85	**86**	87	88	**89**	**90**
91	92	93	94	**95**	96	97	**98**	99	100

Seite 30, Aufgabe 2:
a) 14, **b)** 46, **c)** 52, **d)** 9, **e)** 40, **f)** 67, **g)** 73, **h)** 11,
i) 89, **j)** 94, **k)** 71, **l)** 60, **m)** 33, **n)** 27, **o)** 2, **p)** 75

12 Zahlen ordnen

Seite 31, Aufgabe 1:
87, 51, 48, 38, 35, 15, 14, 9, 3
100, 91, 63, 59, 45, 27, 24, 17, 8

Seite 31, Aufgabe 2:
2, 3, 17, 19, 24, 45, 54, 100

13 Die Zahlen von 0-100

Seite 32, Aufgabe 1:

Größer als 25				Größer als 56						Größer als 6				
14	(45)	(97)	18	(88)	12	8	12	24	(98)	(45)	(12)	4	(7)	(35)
24	(84)	(73)	(100)		(100)	37	(65)	56		(95)	3	(14)	6	(9)

Größer als 84					Größer als 75					Größer als 18				
83	45	82	84	(97)	(84)	35	72	(91)	13	(91)	(75)	16	(27)	(42)
(92)	(100)	35	17		48	(92)	42	74		2	(94)	(43)	12	11

13 Die Zahlen von 0-100

Seite 32, Aufgabe 2:

a)			b)			c)		
10	>	5	36	<	63	5	<	55
9	>	8	82	<	84	84	>	74
85	>	84	12	=	12	66	>	36
24	<	42	5	<	7	37	<	94
34	<	94	91	>	85	17	<	18
97	>	74	87	<	88	8	=	8

Seite 33, Aufgabe 3:
a) 75 + 17 = 92, **b)** 57 + 23 = 80, **c)** 24 + 26 = 50,
d) 17 + 63 = 80, **e)** 60 + 27 = 87

14 Verdoppeln

Seite 34, Aufgabe 1:
a) 10 + 10 = 20, **b)** 9 + 9 = 18, **c)** 8 + 8 = 16,
d) 6 + 6 = 12, **e)** 35 + 35 = 70, **f)** 15 + 15 = 30,
g) 5 + 5 = 10

Seite 35, Aufgabe 2:
a) 26 - 13, **b)** 18 - 9, **c)** 30 - 15, **d)** 90 - 45,
e) 70 - 35, **f)** 76 - 38, **g)** 40 - 20

15 Rechnen bis 100

Seite 36, Aufgabe 1:
a) 80 + 10 = 90, 8 + 1 = 9
b) 40 + 60 = 100, 4 + 6 = 10
c) 10 + 80 = 90, 1 + 8 = 9
d) 50 + 50 = 100, 5 + 5 = 10
e) 20 + 40 = 60, 2 + 4 = 6
f) 60 + 30 = 90, 6 + 3 = 9

Seite 37, Aufgabe 2:
a) 25 + 20 = 45, 5 + 20 = 25
b) 36 + 30 = 66, 6 + 30 = 36
c) 17 + 50 = 67, 7 + 50 = 57
d) 80 + 10 = 90, 8 + 10 = 18
e) 13 + 60 = 73, 3 + 60 = 63
f) 57 + 20 = 77, 7 + 20 = 27

Seite 37, Aufgabe 3:

a)	b)	c)	d)
26 + 40 = 66	17 + 3 = 20	0 + 20 = 20	70 - 2 = 68
28 + 40 = 68	16 + 4 = 20	20 + 18 = 38	60 - 2 = 58
30 + 40 = 70	15 + 5 = 20	40 + 16 = 56	50 - 2 = 48
32 + 40 = 72	14 + 6 = 20	60 + 14 = 74	40 - 2 = 38
34 + 40 = 74 usw.	13 + 7 = 20 usw.	80 + 12 = 92 usw.	30 - 2 = 28 usw.

e)	f)	g)	h)
19 - 5 = 14	47 - 11 = 36	85 - 5 = 80	36 - 3 = 33
20 - 6 = 14	47 - 10 = 37	84 - 5 = 79	38 - 6 = 32
21 - 7 = 14	47 - 9 = 38	83 - 5 = 78	40 - 9 = 31
22 - 8 = 14	47 - 8 = 39	82 - 5 = 77	42 - 12 = 30
23 - 9 = 14 usw.	47 - 7 = 40 usw.	81 - 5 = 76 usw.	44 - 15 = 29 usw.